Liridona Bajrami
Vetë-realizimi
guxim për të pasur identitetin tuaj

Liridona Bajrami

Vetë-realizimi
guxim për të pasur identitetin tuaj

Bibliografische Information der Deutschen Nationalbibliothek: Die Deutsche Nationalbibliothek verzeichnet diese Publikation in der Deutschen Nationalbibliografie; detaillierte bibliografische Daten sind im Internet über http://dnb.dnb.de abrufbar.

Lektorat: Vorname Name oder Institution
Korrektorat: Vorname Name oder Institution
Weitere Mitwirkende: Vorname Name oder Institution

Verlag: BoD · Books on Demand GmbH, In de Tarpen 42, 22848 Norderstedt

Druck: Libri Plureos GmbH, Friedensallee 273, 22763 Hamburg

ISBN: 978-3-7693-0617-0

Përmbajtja

Parathënie

Përshëndetje e dashur,

Jam e lumtur që ke vendosur të lexosh librin tim.
Mbase je duke hamendësuar se çfarë të pret brenda
faqeve të këtij libri.

Po ta them që tani. Në këto faqe i kam shpalosur
përvojat e mia personale. Shpesh më ka rënë në sy se
ne, gratë, shumë gjëra i mbajmë në vete – qoftë nga
turpi apo frika se na gjykojnë se diçka nuk është në
rregull me ne. Normat shoqërore që na janë imponuar
dhe që na janë përbrendësuar që në fëmijëri, na kanë
bërë të besojmë se jemi ndryshe dhe se me një fakt të
tillë duhet të pajtohemi.

Por, më lejo të të them diçka: TI JE E PËRSOSUR,
kështu si je. Mbaje mend gjithmonë: të gënjesh veten
as nuk është e nevojshme dhe as nuk të bën mirë. E
kam shkruar këtë libër për të ndarë me ty përvojat e
mia, me shpresën se ato do të të ndihmojnë.mbetem
me shpresë që fjalët dhe përvojat e mia do të të
frymëzojnë dhe inkurajojnë.

Faleminderit që je pjesë e këtij udhëtimi.

Pas 15 vjetësh, kam vendosur të ndaloj përdorimin e pilulës antikonceptive. Ky hap personal për mua përfaqëson një ndryshim të madh, ndonëse për disa mund të mos duket aq i rëndësishëm. Secila grua ka arsyet e veta për të ndërmarrë një veprim të tillë, qoftë nga dëshira për të pasur fëmijë apo për ndonjë arsye tjetër. Brenda këtyre faqeve do të të tregoj se përse zgjodha këtë hap dhe i çfarë rëndësie ishte për mua.

Gjatë shtjellimit të librit, do të të shpalos për përvojat dhe mendimet që më çuan në përdorimin e pilulës - vizitat e para te gjinekologu, bisedat dhe rekomandimet e tyre dhe gjithçka tjetër që më shtynë të përdor pilulën për shumë vjet.

E theksova edhe më sipër, ndalimi i përdorimit të pilulës antikonceptive për mua është një hap shumë i rëndësishëm sepse reflekton mendimet, dyshimet dhe shpresat e mia për diçka më të mirë. Për më tepër, është një hap drejt natyrshmërisë sime dhe një lidhje e vetëdijshme me trupin tim. Së këndejmi, jam e lumtur që këtë rrugëtim timin dhe përvojat e përjetuara t'i ndaj me ty, ashtu që edhe ti të jesh pjesë e këtij rrugëtimi personal.

Në fillim dua të të jap një këshillë. Para se të vendosësh ta shkelësh këtë shteg, është e rëndësishme ta kuptosh se vendimi për të ndalur përdorimin e pilulës antikonceptive është një hap i madh, i cili mund të shoqërohet me sfida të ndryshme. Nga përvoja ime, mund të të them se ky hap nuk do të jetë aspak i lehtë, prandaj të duhet të përgatitesh mirë mendërisht dhe emocionalisht.

Gjithsesi, nuk do të jesh e para dhe as e vetmja. Shumë gra e kanë bërë këtë rrugë dhe kanë përjetuar përvoja të ngjashme. Është e rëndësishme të kujdesesh për veten, të dëgjosh veten dhe nevojat tua dhe t'i pranosh ndryshimet fizike, e sidomos jetën e re.

Unë e përdorja pilulën antikonceptive jo për arsye kontraceptive, por për shkak të dhimbjeve të forta gjatë menstruacioneve. Menstruacionet i kisha të shoqëruara me humbje të mëdha gjaku, gjë që më manifestohej me mungesë hekuri. Për më keq, dhimbjet nga spazmat ishin të padurueshme. Në ditët e para të menstruacioneve nuk mund të lëvizja, e përveç kësaj, kisha edhe ethe dhe një lodhje të madhe. Prandaj, ndalimi i pilulës është i rëndësishëm për mua dhe ndjeja frikë.

Më shqetësonin mendimet për ndryshimet që do të pasonin. Si do t'i kem menstruacionet? A do të përballem me spazma dhe sa të forta do të jenë ato? A do të kem sërish probleme me mungesën e hekurit? dhe gjëra të tjera me të cilat isha përballur. Mendimi se trupi im duhet të përshtatet sërish dhe se mund të përballem me shqetësime të vjetra, brenda meje shkaktonte një përzierje frike dhe pasigurie. Kjo ishte një sfidë të cilën duhet ta përballoja me guxim dhe vendosmëri, ndonëse frikërat i kisha të pranishme. Thënë me pak fjalë, për mua ky do të ishte një kapërcim në të panjohurën, por me besimin se trupi im do të gjente shtegun për t'ia dalë me sukses.

Përvojat e mia pas ndalimit të pilulës antikonceptive
do t'i ndaj me ty me sinqeritetin më të madh, në librin
tim të dytë. Do të mbaj një ditar ashtu që nëse edhe ti
vendos të ndërmarrësh këtë rrugë, të kesh të paktën
një udhëzues mbi të cilin mund të mbështetesh. Aty
do të mbaj shënime për përvojat, sfidat, përparimet
dhe pengesat e mia të përditshme dhe ti do të kesh një
pasqyrë të plotë të rrugëtimit tim drejt njohjes së
vetes dhe frymëzimeve të reja. Jam e lumtur që do ta
ndaj këtë udhëtim me ty dhe do të jem pranë teje në
rrugën tënde.

Që në fillim, dua të ta bëj të qartë se mini-pilulën e kam përdorur për tetë vjet. Përdorimi i saj bënte që të mos kisha fare menstruacione. Është e rëndësishme ta kuptosh se secila grua reagon ndryshe ndaj pilulës antikonceptive ose mini-pilulës, sepse secila nga ne është e ndryshme, e veçantë dhe unike në mënyrën e vet. Kjo është një gjë e mrekullueshme, apo jo? Ajo që dua të them dhe ta përsëris është se në faqet e këtij libri unë i shpalos përvojat e mia personale, e që në rastin tënd mund të jenë diçka më ndryshe.

Përdorimi i mini-pilulës në rastin tim ishte një zgjidhje për të rregulluar mungesën e hekurit. Ndalimi i përdorimit të saj te unë natyrshëm do të manifestonte frikërat dhe pasiguritë e mëhershme. Është një hapërim në të panjohurën. Mendimet e mia rrotullohen rreth pasojave të mundshme dhe mënyrave se si do të reagojë trupi ndaj një ndryshimi të tillë. A do të përshtatet shpejt? A do të kthehen shqetësimet e vjetra? Si do të ndihem pa hormonet artificiale? Është një proces emocional i shoqëruar me ndjenjat e dyshimit, guximit dhe shpresës. Këtë rrugëtim dua ta ndaj me ty sepse, nëse dëshiron të ndërmarrësh këtë hap, dua të ta them se nuk je vetëm. Do të ndaj me ty, me sinqeritetin më të madh, hollësi për secilën pilulë antikonceptive që kam përdorur dhe përvojat e mia me to.

Frika ime për këtë hap të madh është e madhe. Pasiguritë rreth mënyrës se si do të reagojë trupi im, kujtimet për shqetësimet e kaluara gjatë menstruacioneve dhe shumë pyetje që rrotullohen në kokën time, më shkaktojnë shqetësim. Mendimi për efektet e mundshme anësore dhe ndryshimet që mund të vijnë, më shkaktojnë një ndjenjë frike dhe shqetësimi brenda meje. Sigurisht që nuk do të jetë një rrugë e lehtë, por unë jam e gatshme ta ndjek dhe përvojat e mia t'i ndaj me ty.

Qëllimi im për vitin

Kam vendosur që këtë vit të realizoj disa ndryshime. Por, më thelbësorja është se kam vendosur që këtë vit të ndryshoj plotësisht jetën time sepse dua që sërish të jem gruaja që realisht duhet të jem. Por, që këtu filloi konfuzioni në mendjen time: Kush jam unë në të vërtetë?

Përgjigjja në këtë pyetje ishte një proces reflektimi dhe vetëzbulimi që më ka shtyrë të mendoja për identitetin tim dhe qëllimet e mia në jetë. Pyetjet që ia bën vetes për identitetin dhe dëshirat të prekin thellësisht, sepse këtu nuk bëhet fjalë për ndryshime të jashtme kozmetike, por për ndryshime të brendshme që kanë për qëllim të nxjerrin në sipërfaqe qenien tënde të vërtetë.

Kërkimi dhe hulumtimi mbi identitetin e vërtetë dhe vlerat individuale është një hap i rëndësishëm në rrugën drejt zhvillimit personal. Është një proces që kërkon të jesh person autentik, t'i qëndrosh vetes pranë gjatë gjithë kohës dhe të kesh guximin t'i pranosh ndryshimet. Ky rrugëtim drejt zbulimit të vetes dhe identitetit të vërtetë jo gjithmonë është i lehtë, por është një vendim të cilin unë tashmë e kam marr dhe nuk kam asnjë mëdyshje që do ta ndjek deri në fund.

Pra, nëse mund ta them me fjalë të tjera, qëllimi im për këtë vit nuk ishte vetëm ndryshimi, por një ribashkim me veten. Dua që sërish të jem vetja ime, të jem e sinqertë me veten dhe të kujdesem për veten. Bëhet fjalë për të pranuar veten me të gjitha tiparet dhe veçoritë e mia, me të mirat dhe cenet e mia. Mbi të gjitha, ta doja veten pa kushte. Këtu ishte pikënisja e udhëtimit tim personal – aty ku kisha vendosur veten time në plan të parë, të isha unë numri 1 për veten time.

Është koha për t'u lidhur sërish me veten, për të njohur nevojat dhe dëshirat e mia dhe për të respektuar veten. Vendimi për të dashur veten time ishte një pikë kthese që më ndihmoi të zhvilloja një vetëvlerësim të shëndetshëm dhe kujdes për veten. Bëhej fjalë për të ofruar dashurinë dhe vëmendjen që meritoja, pa e neglizhuar apo mbingarkuar veten.

Ky udhëtim i dashurisë për veten dhe pranimit të vetes nuk ishte gjithmonë i lehtë. Kërkonte guxim, sinqeritet dhe reflektim për të lënë pas modelet dhe besimet e vjetra dhe për të krijuar hapësirë për një marrëdhënie dashurore me veten. Ishte një udhëtim plot sfida, por edhe plot rritje dhe zhvillim personal. Mos harro një gjë, ky udhëtim do të na shoqërojë ty dhe mua gjatë gjithë jetës.

Duke u bërë numri im 1 për veten time, mësova se dashuria për veten është çelësi për një jetë të plotë. Ishte fillimi i një udhëtimi që më çoi të shihja veten në një dritë të re dhe të nisa një rrugë të vetë-zbulimit dhe vetë-realizimit.

Tani dua të shpalos një pasqyrë të jetës sime dhe të ndaj përvojat e mia me ty. Mbase në disa pjesë të historisë time do të gjesh edhe veten tënde dhe kjo është krejtësisht në rregull. Nëse ke kaluar përvoja të ngjashme ose ke pasur ndjesi të ngjashme me të miat, dua të të them: Nuk je vetëm. Edhe unë kam përjetuar situata të ngjashme dhe emocione të ngjashme. Dhe më beso, jo vetëm ti dhe unë, por shumë njerëz në botë kanë kaluar përvoja të njëjta apo të ngjashme.

Është e rëndësishme ta kuptojmë se në sfidat dhe vështirësitë tona nuk jemi vetëm. Edhe nëse deri më sot rrugën e kemi bërë vetëm, nga sot mund të ecim dhe luftojmë bashkë. Së bashku mund të mbështesim njëra-tjetrën, të inkurajojmë dhe të mësojmë nga njëra-tjetra. Është një mendim ngushëllues kur e dimë se ka të tjerë që kanë bërë ose janë duke bërë luftëra të ngjashme.

Jeta ime në pasqyrën e vetë-reflektimit

Si fëmijë, kisha dëshirën të isha Numri 1 për prindërit. Dëshira ime ishte të isha gjithmonë e dashur nga prindërit, ashtu siç ishte vëllai im i madh. Por, shpesh kisha ndjesinë sikur ne, vajzat, ishin më pak të vlefshme dhe se nuk mund të merrja të njëjtën dashuri. Vit pas viti, i thosha vetes se vitin tjetër do të isha fëmija i preferuar i prindërve të mi. Por pastaj, krejt papritmas, pas 6 vjetësh, më erdhi një vëlla i vogël.

Pa e çuar fare në mend, ëndrra ime që të isha fëmija i preferuar i prindërve mori një goditje të rëndë. E dua vëllain tim të vogël më shumë se gjithçka. Ai është vëllai im, miku im më i mirë dhe do të bëja gjithçka për të. Por, si fëmijë, kisha një urrejtje ndaj tij sepse kisha ndjenjën se ai kishte rrëmbyer vendin tim. Ai kishte nevojë për shumë vëmendje, dhe për pasojë, unë ndihesha pothuajse e injoruar.

Prania e vëllait tim të vogël bënte që shpesh të ndihesha 'e kaluara' dhe të kisha ndjenjën se nuk po merrja mjaftueshëm dashuri dhe vëmendje. Ishte një kohë e vështirë, kur duhej të përballesha me ndjenjat e mia të xhelozisë.

Në rastet kur vëllai im i vogël bënte ndonjë sjellje të keqe, isha unë ajo që duhej ndëshkuar sepse, si motra e madhe që isha, duhej të kujdesesha për të. Të

13

merrja përgjegjësinë për vëllain e vogël ishte një barrë e rëndë për mua, sepse edhe unë vetë isha akoma fëmijë. Kjo ngarkesë që më ishte vënë ma shtonte edhe dozën e urrejtjes. Por, me kalimin e viteve, fillova ta kuptoja se urrejtja ndaj tij, në të vërtetë, burimin e kishte tek arsyet tjera. Kur vëllai im i vogël kishte sjellje të këqija, unë isha ndëshkuar për këtë, sepse isha motra e madhe dhe duhej të kujdesesha për të. Si fëmijë, ishte një barrë e rëndë për mua të isha përgjegjëse për një fëmijë. Fillimisht, e ndihesha këtë si një ngarkesë të madhe dhe urrejtja ime ndaj tij ishte e pakontrollueshme. Megjithatë, me kalimin e viteve, fillova të kuptoj se urrejtja ime ndaj tij në të vërtetë vinte nga një arsye tjetër.

E kuptova se urrejtja ime ishte në të vërtetë një dëshirë e thellë për vëmendje nga prindërit e mi, që nuk e shihja të plotësuar. Nuk ishte vëllai im ai që ishte fajtor, por situata dhe mënyra se si ndihesha në familjen time. Dëshiroja të shihesha dhe të dëgjohesha, dhe shpesh ndihesha e neglizhuar dhe e injoruar. Urrejtja ime ishte një shprehje e nevojave të mia dhe e kërkimit për njohje dhe dashuri.

E kuptova se urrejtja ime ishte në të vërtetë një dëshirë e thellë për vëmendje nga prindërit e mi – një dëshirë që nuk e shihja të plotësuar. Nuk ishte vëllai im ai që duhej fajësuar, por mënyra se si ndihesha në familjen time. Dëshiroja të shihesha dhe të dëgjohesha, e në këmbim shpesh ndihesha e neglizhuar dhe e injoruar. Urrejtja ime ishte një shprehje e nevojave të mia dhe e kërkimit për njohje dhe dashuri. Me kalimin e kohës, përmes vetë-reflektimit, e kuptova se vëllai im nuk ishte problemi, por nevojat dhe emocionet e mia të paplotësuara.

Kur kuptova se vëllai im nuk kishte faj, arrita ta kuptoja se vëmendjen që e dëshiroja nuk e kisha marrë as në gjashtë vitet që ai nuk ishte akoma në jetë. Edhe ai kishte nevojë për vëmendje, vetëm se këtë e manifestonte në një mënyrë më aktive. Mënyra se si ai kërkonte vëmendje ishte e ndryshme, por në fund të fundit, nevoja ishte e njëjtë.

Prindërit e mi kishin ardhur në një vend të huaj, nuk e flisnin mirë gjuhën dhe ishin shumë të zënë me sigurimin e mbijetesës sonë dhe të na ofronin një arsimim që ata vetë nuk e kishin pasur. Përkushtimin dhe sakrificat e tyre i mbante një dashuri e thellë për ne, gjë që arrita ta kuptoja më vonë. Kur e mendoj se çfarë kanë bërë e nuk kanë bërë prindërit e mi për të ma ofruar një jetë më të mirë, them se do të doja të isha po aq e fortë dhe po aq e vendosur sa ishin ata.

Është një ndjenjë mirënjohjeje dhe adhurimi që mbruhet brenda meje kur mendoj për sakrificat dhe dashurinë e tyre. Ata dhanë aq shumë dhe punuan aq fort për të na ofruar një të ardhme më të mirë. Ky mendim më mbush me përulësi dhe respekt. Dashuria dhe përkushtimi i tyre më kanë formuar si personalitet dhe më kanë treguar se çfarë do të thotë të angazhohesh pa kushte për familjen dhe të japësh gjithçka për mirëqenien e më të dashurve.

Kur babai im emigroi në moshë të re për t'i ofruar familjes së tij një jetë me mundësitë që ai vetë nuk i kishte, e kuptova se sa sakrifica të jashtëzakonshme bëri për ne. E di që ai kishte shumë ëndrra si fëmijë dhe si adoleshent, dhe më prek thellësisht kur e di se me sa punë të palodhur dhe përkushtim realizoi kaq shumë prej këtyre ëndrrave.

Babai im ka qenë gjithmonë një burrë këmbëngulës, e madje edhe vizionar. Kur ka vendosur diçka në mendje, nuk ka pasur të ndalur. Me vullnet të paepur dhe angazhim të palodhur ai luftoi për qëllimet e tij dhe punoi fort për të realizuar ëndrrat e tij. Besimi i tij i palëkundur në vete dhe vendosmëria e tij gjithmonë më kanë frymëzuar dhe më kanë shërbyer si udhërrëfyes se çfarë do të thotë të jesh person i guximshëm dhe të luftosh fort për ëndrrat e tua. Të gjitha historitë dhe kujtimet për vendosmërinë e tij më mbushin me krenari dhe mirënjohje për gjithë çfarë ka bërë. Ai na e dëshmoi se ëndrrat mund të bëhen realitet kur ke gatishmërinë të punosh shumë dhe të mos dorëzohesh kurrë.

Shembulli i tij më mësoi se asnjë ëndërr nuk është e paarritshme, për sa kohë që beson fort dhe ke vullnetin dhe guximin të japësh gjithçka për të. Jam thellësisht mirënjohëse për vlerat dhe qëndrimin pozitiv ndaj jetës që babai im më ka transmetuar.

Në mendimet e mia më pasqyrohet besimi se unë kam trashëguar shumë cilësi nga babai – sidomos qëllimin dhe vullnetin e palëkundur për t'i realizuar ëndrrat e mia dhe guximin për të luftuar për to.

Kur kthehem prapa në kohë, më duhet ta pranoj se ndjesitë e mia për mungesën e dashurisë ishin thjesht një perceptim që për rrjedhojë m'u formësuan si ndjenja. Por, realiteti ishte ndryshe sepse brenda tij mbruheshin sfidat e pafundme me të cilat prindërit e mi përballeshin çdo ditë. Ata kishin për të luftuar shumë më shumë beteja nga sa mund ta imagjinoja unë. Ata duhej të kujdeseshin mbijetesën tonë, të na nxisnin për t'u arsimuar, të paguanin faturat, të kishin një punë për të fituar para, dhe shumë të tjera. Përkushtimi dhe sakrificat e tyre nuk kishin kufij, sepse luftonin jo vetëm për ne, por edhe për familjet e tyre në Kosovë.

Bashkëpunimi brenda familjes për ta ishte prioriteti i parë dhe ishin të gatshëm të jepnin gjithçka për t'u ofruar të dashurve të tyre një jetë më të mirë.

Ngarkesa që prindërit e mi mbanin mbi supe ishte e rëndë, e megjithëkëtë nuk u dorëzuan kurrë. Përkushtimi i tyre i paepur dhe dashuria e tyre pa kushte më kanë formuar dhe më kanë treguar se çfarë do të thotë të luftosh për familjen. Sakrificat e tyre dhe angazhimi i tyre i palodhur më kanë treguar se fuqia e vërtetë qëndron në dashurinë dhe kujdesin për familjen.

Kur mendoj për ndjesinë e tyre kur ne erdhëm në Zvicër, pak para shpërthimit të luftës në Kosovë, më rrëqethet trupi. Prindërit e mi bashkëjetonin me një brengë të vazhdueshme për familjet e tyre në zonat e luftës. Frika dhe pasiguria i shoqëronin çdo ditë. E kam të zorshme të shprehem me fjalë se sa e vështirë duhet të ketë qenë për ta. Mendimet për ngjarjet e tmerrshme që ndodhnin atëherë në Kosovë më sjellin një përzierje të trishtimit, frikës dhe dëshpërimit. Prindërve të mi iu desh të kalonin nëpër kaq shumë gjëra, e prapëseprapë mbetën të fortë dhe luftuan pa u lodhur për mirëqenien e familjeve të tyre, si këtu në Zvicër ashtu edhe në Kosovë.

Kujtimet për ato kohë të vështira më prekin thellësisht dhe më sjellin lot në sy. Është e vështirë t'i shpreh këto ndjenja me fjalë, sepse në zemrën time, dhimbja dhe trishtimi janë të thella. Por, ato në të njëjtën kohë më dëftojnë fuqinë e paepur dhe bashkimin e palëkundur të familjes sime në momentet më të vështira.

Sigurisht që ne vetë nuk e përjetuam dhimbjen e luftës, por më beso, ishte po aq e dhimbshme të pajtoheshe me faktin se nuk mund të bëje asgjë. Çdo ditë jetonim në frikë të vazhdueshme se diçka mund t'i ndodhte familjes sonë atje. Kjo pamundësi për të bërë ndonjë gjë ishte e padurueshme, siç ishin edhe mundimet nga mendimet për fatin e të dashurve tanë – mundime që na shoqëronin çdo ditë. Ishte një fat i madh që askush nga familja jonë nuk ra viktimë e luftës. Dhimbja dhe pasiguria ishin e thellë në zemrat tona dhe lanë shenja të pashlyeshme. Frika për mirëqenien e të afërmve tanë dhe shqetësimi i vazhdueshëm për sigurinë e tyre ishte një barrë e rëndë që na merrte frymën dhe na trondiste.

Pas luftës, u shpërfaq fuqia e vërtetë dhe uniteti i palëkundur i familjes sonë. Së bashku qëndruam për njëri-tjetrin, ngushëlluam dhe mbështetëm njëri-tjetrin në këtë kohë të vështirë. Bashkimi dhe solidariteti që u shfaqën në këto momente na kujtoi se familja është më e rëndësishmja në jetë dhe se së bashku mund të përballojmë çdo sfidë. Përvojat nga kjo periudhë na mësuan se sa i çmuar është uniteti në familje dhe sa të fortë jemi kur kohët e vështira i kalojmë bashkërisht.

Dashuria që kam parë në familjen time dhe që e ndiej edhe sot, është më e çmuar se çdo gjë tjetër në botë. Pas tmerreve të luftës, gjatë pushimeve të verës bëmë një udhëtim në Kosovë. Vendi akoma kishte shenjat nga shkatërrimi dhe trishtimi, të isha sërish në atdheun tim, në ato çaste do të thoshte gjithçka. Kujtimet dhe imazhet e rrugëve të shkatërruara, fytyrat e trishtuara të njerëzve dhe rrënojat e asaj që dikur qëndronte atje, ma bënë zemrën të rëndohet. Bukuria e maleve, peizazhet mbresëlënëse dhe ngrohtësia e njerëzve më preknin dhe më mbushnin me një ndjenjë përkatësie dhe atdhedashurie.

Ishin çaste ambivalente dhe përzierje emocionale me plot kontraste - mes trishtimit dhe shpresës, mes të kaluarës dhe së ardhmes. Por, mbi të gjitha, ndjeva dashurinë pa kushte të familjes time, e cila na mbante të gjithëve bashkë. Bashkimi dhe ngrohtësia që përjetova në këto momente më treguan se dashuria dhe lidhja me familjen time janë më të forta se çdo shkatërrim dhe çdo dhimbje. Ishte një moment i çmuar që më bëri të kuptoja se sa e rëndësishme është të çmohet dhe ruhet dashuria dhe uniteti në familje.

Kur mendoj se përballeshin me sfida dhe frika të paimagjinueshme çdo ditë, sot më bëhet e qartë pse ata nuk më vendosnin gjithmonë në vendin e parë. Jeta e tyre ishte e shënuar nga lufta për mbijetesë, shqetësimi për të ardhmen tonë dhe frika e vazhdueshme për familjet e tyre në Kosovë. Ngarkesa që ata mbanin mbi supe ishte e rëndë dhe frikërat që ata përjetonin ishin të pakufishme. Në përkushtimin dhe sakrificat e tyre për ne dhe për të dashurit e tyre shfaqej madhështia dhe forca e tyre e vërtetë. Ata luftuan pa u lodhur për të na ofruar një jetë më të mirë, dhe pavarësisht të gjitha vështirësive dhe privimeve, kurrë nuk e humbën guximin dhe shpresën.

Sot, ndërsa i çmoj akoma më thellë sakrificat dhe dashurinë e prindërve të mi, e kam të qartë pse ata nuk kishin kohë dhe vëmendje për të më vendosur mua në vendin e parë. Përkushtimi i tyre nuk ishte vetëm për mua, por për të gjithë familjen dhe mirëqenien e të gjithëve që u ishin të dashur. Dashuria e tyre pa kushte dhe angazhimi i tyre i palodhur më kanë formuar dhe më kanë treguar se çfarë do të thotë t'i qëndrosh pranë dikujt dhe sfidat t'i përballosh bashkë.

Të kuptuarit e faktit se prindërit e mi kishin për t'u përballuar me shumë më tepër sesa mund të kisha imagjinuar ndonjëherë më mbush me respekt të thellë dhe mirënjohje për ta. Dashuria dhe sakrificat e tyre më kanë mësuar se çfarë do të thotë të jesh pa kushte për familjen dhe të japësh gjithçka për mirëqenien e të dashurve. Jam pafundësisht mirënjohëse për përkushtimin dhe angazhimin e tyre të palodhur që na ka mbajtur dhe forcuar si familje.

Sigurisht, prindërit e mi ishin më të angazhuar me vëllezërit e mi, sepse djemtë siç e dimë, shpesh janë më aktivë dhe ndoshta kanë nevojë për më shumë vëmendje. Ndërsa unë, si vajzë, isha natyrshëm më e qetë dhe më e rezervuar. Që fëmijë, unë isha më shumë introverte dhe më e heshtur. Edhe kur flisja, zëri im ishte i ulët dhe i ëmbël.

Isha një vajzë shumë e ndrojtur, mbase për faktin se kur u shpërngulëm në Zvicër unë isha 4 vjeçe. Bota të cilën e njihja unë m'u përmbys. Papritmas, gjyshja ime e dashur nuk ishte më. E kisha të vështirë ta gjeja veten në një vend të panjohur, e rrethuar nga njerëz që flisnin një gjuhë që nuk e kuptoja fare. Ku isha? Çfarë po kërkoja? Çfarë po ndodhte rreth e rrotull meje?

Konfuzioni, pafuqia dhe vetmia që ndjeja asokohe më preken thellë dhe më formësuan si personalitet. Si një vajzë e vogël, isha e tejngopur nga të gjitha ndryshimet dhe përshtypjet e reja. Në një botë që më ishte e panjohur, ndihesha e humbur dhe e paqartë. Dëshira për familjen dhe atdheun rritej brenda meje dhe kjo la një shenjë thellë në zemrën time.

Kjo përvojë më ka formësuar dhe më ka ndihmuar të mësoja se si të orientohesha në situata të reja dhe si të përballesha me frikërat e mia. Më ka treguar se sa e rëndësishme është t'i qëndrosh besnik vetes dhe të kesh guximin të shkelësh rrugë të reja. Kujtimet e kësaj kohe janë ende të gjalla brenda meje dhe më kanë bërë personin që jam sot. Përvojat më kanë mësuar se ndryshimet dhe situatat e reja, ndonëse mund të duken frikësuese, ofrojnë gjithashtu mundësi për rritje dhe zhvillim personal.

Mund të them se si fëmijë nuk e kisha të lehtë dhe nuk kuptoja shumë. Në Zvicër, unë konsideroohesha si një kosovare, si një e huaj. Por, kur u ktheva në Kosovë, papritmas shihesha si një zvicerane, përsëri një e huaj që nuk duhej të përfshihej brenda rrethit. Ndjehesha e tërhequr mes këtyre dy botëve, e humbur në një konflikt identiteti që më ngatërronte tmerrësisht.

Pyetja "Kush jam unë?" u bë një enigmë, zgjidhja e së cilës më behej e mundimshme. Në të dyja botët ndihesha e huaj dhe e pa definuar, e paaftë për të gjetur vendin tim dhe për të përcaktuar identitetin tim. Paragjykimet e shoqërisë më bënin të dyshoja për veten dhe për vlerat e mia. Më duhej të përballesha me veten time, me dyshimet dhe frikërat e mia, duke përpjekur me dëshpërim të gjeja vendin tim në këtë botë. Pasiguria dhe vetmia që më shoqëronin në këtë kohë lanë shenja të thella në shpirtin tim.

Megjithatë, pavarësisht të gjitha sfidave me të cilat ndeshesha, kjo përballje e brendshme më ka formuar dhe forcuar si person. Më ka mësuar se është në rregull të jesh ndryshe, se diversiteti dhe rrënjët e mia më bëjnë unike. Të kuptuarit se nuk mund të përfshihesha me patjetër në ndonjë rreth a grup ma ka dhënë lirinë për të ndjekur rrugën time dhe për të formuar identitetin tim. Kjo përvojë më ka mësuar se forca e vërtetë qëndron në pranimin e vetes dhe dashurinë për veten, pavarësisht pritshmërive që të tjerët kanë nga ti.

Sot, unë e di se i përkas të dy shoqërive. E dashuroj Zvicrën, kam njohur dhe vlerësuar shumë njerëz të mrekullueshëm. Në Zvicër gjeta jo vetëm një atdhe, por edhe njerëz që më mbështetën dhe besuan tek unë. Diversiteti dhe mundësitë që t'i ofron ky vend të bëjnë krenar të jesh zviceran. Po ashtu, bukuria e Zvicrës dhe natyra e peizazhet e saj janë mahnitëse. Por, edhe Kosova zë një vend të veçantë në zemrën time. Dashuria për traditat tona, lidhjet e forta familjare dhe lidhja e thellë me kulturën tonë janë një pjesë e imja që e çmoj thellësisht. Në Kosovë i gjej rrënjët e mia dhe ndihem krenare për këtë.

Kam fatin që jam pjesë e këtyre dy kombeve të mrekullueshme. Ky dualitet ma pasuron jetën në mënyra nga në të ndryshmet. Përvojat që kam përjetuar në të dyja vendet më kanë formuar dhe më kanë bërë personin që jam sot. Jam mirënjohëse për dashurinë dhe mbështetjen që kam përjetuar si në Zvicër ashtu edhe në Kosovë, dhe për mundësinë për të përjetuar bukurinë dhe veçoritë e kulturave të tyre të pasura. Zvicrën dhe Kosovën i mbaj njësoj në zemrën time.

Mund të jetë vetëm një dyshim imi, por besoj se depresioni m'u shfaq nga përdorimi i pilulës antikonceptive. Pavarësisht të gjitha sfidave dhe përvojave të fëmijërisë, dikur isha njeriu më i lumtur në botë. Lumturia për jetën dukej se buronte brenda meje dhe e shijoja çdo moment në mënyrë të plotë. Por, me të filluar marrjen e pilulës antikonceptive, diçka brenda meje ndryshoi. Ngadalë dhe në mënyrë të fshehtë, mbi shpirtin tim filluan të mblidhen re të errëta dhe papritmas u përfshiva në një spirale të mendimeve dhe ndjenjave negative. Depresioni pa u ndjerë zuri vend në jetën time dhe, ditë pas dite, më vodhi gëzimin e jetës që dikur më shoqëronte dhe më karakterizonte si qenie.

Dyshimi se pilula antikonceptive mund t'i ketë shkaktuar depresionet e mia më bën të ta kuptoj thellësinë e kësaj gjendje. Është e dhimbshme kur e mendon se diçka që duhej të më ndihmonte, në fakt prodhoi pasoja kaq të thella në mirëqenien time shpirtërore.

Kur fillova të merrja pilulën antikonceptive kisha ndjesinë se njerëzit përreth meje nuk më vlerësonin mjaftueshëm. Pavarësisht sa shumë përpiqesha, sa e përsosur doja të isha, në sytë e tyre kurrë nuk isha numri 1. Gjithmonë kisha ndjesinë se më duhej të bëja diçka më shumë për të fituar dashurinë dhe vlerësimin e tyre. Në mendje më ishte ngulitur thellësisht ideja se nuk mund të mbijetoja pa dashurinë dhe konfirmimin e të tjerëve.

Megjithëse isha e mbështjellë nga dashuria dhe afeksioni, këtë nuk mund ta vëreja e as ta ndjeja. Kisha një lloj pasigurie që nuk më shqitej dot, një lloj ndjenje se nuk isha e mjaftueshme, ndonëse për gjëra të tilla nuk kisha asnjë arsye bindëse. Isha mbërthyer në një cikël vicioz djallëzor me dyshime për veten dhe dëshirës së përhershme për të bërë gjithçka për të fituar dashurinë e të tjerëve. Frika nga vetmia më shtynte të jepja gjithçka.

Qenia në një luftë të vazhdueshme për vlerësim dhe dashuri ishte një përvojë e mundimshme, e cila më brente thellë brenda dhe më bënte të ndihesha e zbrazët. Pavarësisht gjithë kujdesit dhe dashurisë që më jepej, nuk mund të shpëtoja nga ndjenja se nuk isha e mjaftueshme.

Ishte një mjegull e padukshme që turbullonte ma turbullonte vizionin për botën dhe më jepte ndjenjën se kurrë nuk bëja gjënë e duhur.

Sot, mund ta shoh me qartësi se sa shumë më kanë kalitur këto mendime dhe frikëra si këto. Krijimi i besimit se dashurinë dhe vlerësimin nuk duhet të kërkoj jashtë vetes sime, më ka ndihmuar të bëj një hap të rëndësishëm në rrugën drejt pranimit dhe dashurisë për veten. Është një proces i gjatë, por unë jam mirënjohëse që arrita ta kuptoja se dashuria e vërtetë vjen fillimisht nga brenda, para se të mund të gjendet jashtë.

Ky ishte gabimi im i parë. Si mund të prisja të isha numri 1 për dikë, nëse nuk isha numri 1 as për veten time? Si mund të shpresoja të vlerësohesha, kur nuk e vlerësoja veten? Të kuptuarit e kësaj më ka goditur thellë, sepse nuk e kam parë veten mjaftueshëm të rëndësishme dhe të dashur. Si mund të prisja respekt dhe vlerësim nga të tjerët, kur nuk atë vlerësim dhe respekt nuk ia njihja vetes?

Ishte një e vërtetë e dhimbshme që duhej ta pranoja. Nuk e trajtoja veten me dashurinë dhe respektin që prisja nga të tjerët, e përkundër kësaj prisja konfirmim nga jashtë. Isha e bllokuar në një rrjet pritjesh dhe zhgënjimesh, që më largonte gjithnjë e më shumë nga vetja. Ishte një proces i dhimbshëm i kuptimit dhe pranimit të vetvetes, që më tregoi se dashuria e vërtetë për veten është çelësi për përmbushje të vërtetë dhe paqe të brendshme.

Sot, kur kam një panoramë më të qartë, jam në rrugën e pranimit dhe respektit për veten. Kam mësuar t'i jap vetes dashurinë dhe respektin që meritoj.

Është një proces shërues i vetë-reflektimit dhe rritjes personale që më konfirmon se forca e vërtetë qëndron te pranimi dhe dashuria për veten, para se këto t'i pres nga të tjerët. Për një kohë të gjatë kisha dështuar ta kuptoja se po neglizhoja veten për t'iu përgjigjur kërkesave dhe pritshmërive imagjinare të të tjerëve. Ekzistenca ime se ishte e orientuar për t'ia dalë mbanë me mendimet e të tjerëve, për të mos mbetur e vetme.

Mirëqenia dhe nevojat e mia gjithnjë e më shumë zhvendoseshin në prapavijë, ndërsa unë si një kukull po përmbushja pritshmëritë dhe dëshirat e të tjerëve.

Sipërfaqësisht mundohesh të reflektoja një imazh të përsosur përmes një fasade të organizuar me kujdes që funksiononte pa defekte dhe që nuk shfaqte dobësi. Por brenda meje, dyshimi, boshllëku dhe vetmia më gërryenin ngadalë dhe ma dobësonin qenien dhe shpirtin përmes ndrydhjes së ndjenjave.

Virusi i dyshimit dhe mohimit të vetes po përhapej ngadalë por sigurt, ndërsa unë vazhdoja të përmbushja pritshmëritë e të tjerëve dhe të injoroja nevojat e mia.

Tani, kam mësuar t'i marr seriozisht nevojat dhe dëshirat e mia dhe të flas për veten time, për atë që jam. Është një proces shërues që më tregon se forca e vërtetë qëndron në të qenit autentik dhe në mbajtjen e besnikërisë ndaj vetes, edhe me çmimin që të largohem nga normat e paracaktuara.

Gjendja ime u përkeqësua ndjeshëm kur nis të merrja pilulën mini. E kam të vështirë që për të gjitha vuajtjet e mia ta fajësoj vetëm pilulën, por me kalimin e kohës kam arritur në përfundimin se ajo ka kontribuar ndjeshëm në përkeqësimin e gjendjes sime.

Ishte një ndjesi e dhimbshme ta kuptoja se një medikament, në dukje i padëmshëm, mund të ketë ndikime kaq të thella në mirëqenien time. Ndjenja e pafuqisë kur kuptova se gjendja ime shpirtërore po përkeqësohej ishte e skajshme. Pilula mini, e cila duhej të ma lehtësonte jetën, më ofroi të kundërtën.

Tani që i kam të qarta efektet e pilulës mini në përkeqësimin e gjendjes sime, unë jam mirënjohëse që arrita ta kuptoja se sa e rëndësishme është të dëgjoj shenjat që më dërgojnë trupi dhe shpirti për mënyrat se si duhet të kujdesem për shëndetin tim.

Ky virus kishte qenë për një kohë të gjatë brenda meje, duke u rritur dhe zhvilluar vazhdimisht, por unë kisha vendosur ta injoroja me vetëdije. E ndjeja hijen mbi mua, ndjeja errësirën që thellohej brenda meje, por duhej të shfaqesha e përsosur, duhej të funksionoja sipas mënyrës sime. Frika nga shfaqja e dobësive më shtynte vazhdimisht t'i shtypja dhe injoroja ndjenjat.

Mundohesha ta bindja veten se gjithçka ishte në rregull, se isha mjaftueshëm e fortë për t'u përballuar me demonët brenda meje. Por, sa më shumë që përpiqesha t'i injoroja ndjenjat, aq më shumë më përkeqësohej gjendja. Ato, ngadalë por pa ndalë, po më hanin nga brenda. E ndjeja se po e humbja personalitetin tim, gëzimin e jetës dhe lumturinë time. Vendimi i vetëdijshëm për t'i injoruar ndjenjat për pak sa nuk m'u shndërrua në një faturë të papërballueshme për personalitetin, lumturinë e brendshme e madhe edhe për jetën time. Vetëm për vetëm, bëja beteja kundër frikërave dhe dyshimeve të mia, pa e kuptuar që humbja ishte e pashmangshme. Pesha që mbaja bëhej gjithnjë e më e rëndë dhe rrezikoja të thyhesha nën të.

Nga i gjithë ky reflektim, e kam kuptuar se sa e rëndësishme është të përballemi me demonët brenda nesh – t'i njohim, t'i pranojmë dhe t'i luftojmë. Të kuptuarit se shtypja dhe injorimi e ndjenjave shkaktojnë vetëm dëme edhe më të mëdha, më ka mësuar të jem e kujdesshme me ndjesitë dhe nevojat e mia. Ky është një proces i dhimbshëm, por gjithsesi i nevojshëm për reflektim dhe shërim, një proces që më ka treguar se forca e vërtetë qëndron aftësinë për t'u përballur me dobësitë dhe në kërkimin e ndihmës në situatat kur nuk ia dalim dot mbanë vetë.

Thënë këto, kam një këshillë për ty. Ti je e përsosur kur je vetvetja. Veçanësia jote, vlerësimi për veten dhe dashuria për jetën të bëjnë një qenie të mrekullueshme. Kur e do dhe e pranon veten ashtu si je, asgjë nuk të ndalon të jesh e lumtur.

Është e rëndësishme të jesh besnike ndaj vetes dhe të mos kalkulosh me pritshmëritë e të tjerëve. Bukuria jote e vërtetë qëndron te individualiteti yt. Avantazhet dhe dobësitë e tua të bëjnë një person unik. Kur e pranon veten dhe kur e shijon gëzimin për jetën, ti rrezaton një energji pozitive që prek dhe frymëzon edhe të tjerët.

Nuk ke pse të synosh perfeksionin sipas standardeve shoqërore dhe normave kulturore. Perfeksioni, ndonëse i paarritshëm, vlen vetëm për sytë e të tjerëve, kurse madhështia jote qëndron te dashuria që ke për veten, te pranimi i vetvetes me të gjitha tiparet veçoritë që i ke. Kur je e lumtur për jetën dhe kur ndjekë zemrën, do të gjesh rrugën për përmbushje të brendshme.

Së këndejmi, lejoja vetes të jesh vetvetja, me të gjitha bukuritë dhe cenet, me të gjitha ëndrrat dhe shpresat. Ji krenare për atë je, për atë që të bën të veçantë dhe lëre gëzimin për jetën të shkëlqejë, sepse ky është çelësi për një jetë të plotë dhe të lumtur.

Je e përsosur kështu si je. Gëzimi yt për jetën është dhurata më e bukur që mund t'ia bësh vetes dhe të tjerëve. Thjesht qëndro vetvetja dhe përqafoje individualitetin tënd.

Më beso në këto që po them sepse kam derdhur lot pafundësisht. Ishte një vajtim i dhunshëm, një vajtim që ndjehej si një dhunë ndaj vetes. E kam detyruar veten ta ndryshoja qenien time të vërtetë për t'u përshtatur në imazhin perfekt që kisha krijuar për veten. Ndërsa po bëja këtë, humba veten, harrova se kush isha në të vërtetë. Lotët e më rridhnin pa pushim dhe nuk mund të ndalesha. Ishte si një stuhi që po më godiste nga brenda duke më tërhequr me vete.

Vajtimi im ishte aq intensiv, sa ndonjëherë vuaja nga mungesa e ajrit dhe pothuajse kisha ndjenjën se do të ngufatesha. Lotët më rridhnin dhe përpiqesha me dëshpërim t'i ndalja. Por sa më shumë e detyroja veten të ndalesha, aq më keq bëhej. Më kaplonte paniku dhe zemra fillonte të rrihte fort. Kisha ndjesinë sikur zemra donte të dilte nga kraharori im, sikur kërkonte lirinë dhe paqen. Përfundimisht, zemra ime kishte nevojë për vëmendje, por unë vazhdoja ta lëndoja duke e detyruar të përballej me ndjenjat e mia të vërteta por të pashprehura. Dhimbja që mbaja brenda ishte e rëndë dhe lotët dukej qartë se nuk do kryenin punë.

Ishte një cikël djallëzor i krijuar nga ndjenjat e shtypura dhe presionit të vetë-imponuar, të cilat bashkë më krijuan në një dëshpërim të thellë.

E parë nga kjo distancë kohore, sot e kuptoj më mirë
se askush tjetër rëndësinë që ka te njeriu dëgjimi i
zemrës dhe pranimi i ndjenjave të vërteta.

Lotët që kam derdhur ishin një shprehje e dëshirave
dhe plagëve të mia më të thella, të cilat i kam shtypur
për një kohë të gjatë.

Pranimi i vetes është një proces i dhimbshëm, por
edhe çlirues dhe shërues, i cili ma ka konfirmuar se sa
e rëndësishme është t'ia lejosh vetes çlirimin e
ndjenjave, si një rrugë që të shpie drejt harmonisë me
veten.

Më lejo që këtu të shtoj edh një gjë tjetër. Nëse ke nevojë të qash, mos e freno veten. Lëri lotët të rrjedhin. Mos bëj gabimin që bëra unë - të shtypësh gjithçka brenda vetes derisa të jetë shumë vonë. Qarja është një shprehje e emocioneve tona më të thella, një mënyrë për të nxjerrë jashtë dhimbjen dhe trishtimin.

Është një akt çlirimi që na ndihmon të çlirohemi nga barra që mbajmë brenda. Kur të vjen të qash, lëri lotët të rrjedhin, sepse janë një pjesë e rëndësishme e procesit të shërimit.

Unë bëra gabim që i shtypja lotët, që vuajtjen e fshihja brenda dhe kështu shtypja dhimbjen time. Por heshtja dhe mohimi i ndjenjave të mia vetëm sa më larguan nga vetja dhe më çuan në një krizë të thellë. Kam mësuar se qarja mund të ketë efekt shërues, se na ndihmon të pranojmë veten dhe të shërohemi.

Prandaj, kur je e trishtuar, kur je e lënduar apo thjesht kur e ndjen se kjo është gjëja e duhur, lejoja vetes ca lot.

Lotët nuk manifestojnë dobësi, por një shprehje e forcës dhe guximit për t'u përballur me ndjenjat.

Hape zemrën tënde dhe lejoji ndjenjat të shprehen, sepse vetëm kështu mund të gjesh shërim të vërtetë dhe paqe të brendshme.

Ki dashuri për veten dhe mos ia moho lotëve të shfaqen, sepse ata janë një dhuratë e çmuar që mund të të shpijnë drejt një kuptimi më të thellë dhe drejt një dashuri më të madhe për veten.

Pas gjithë këtyre vuajtjeve, bëja sikur nuk kishte ndodhur asgjë. Nuk bëja dot gjumë natën sepse nuk më lejonin mendimet që më silleshin në kokë. Ngrihesha në mëngjes, shkoja në punë dhe pretendoja sikur gjithçka ishte në rregull. Buzëqeshja ishte e sajuar, motivimi im i pretenduar dhe gëzimi për jetën ishin të inskenuar deri në perfeksion. Askush nuk mund ta merrte me mend sa shumë vuajtje mbaja brenda sepse nga jashtë shfaqesha e përsosur, e nga brenda isha e shkatërruar.

Luftën time të brendshme dhe lotët i fshihja pas një fasade të bukur, pas një perdeje elegante që ia kisha vënë vetes. Ishte një akt i vetë-mashtrimit që më detyronte t'i shtypja ndjenjat e mia të vërteta dhe të shfaqesha me një imazh të rremë. Pesha që mbaja bëhej gjithnjë e më e rëndë, ndërsa nga jashtë shkëlqeja dhe funksionoja me sajesa.

Netët ishin të shoqëruara me gjumë të pamjaftueshëm, me mendime të mundimshme dhe me një ndjenjë zbrazëtie që dukeshin se po më asfiksonin. Megjithëkëtë, çdo mëngjes ngrihesha, vendosja maskën time dhe paraqitesha si një person i shkëlqyer dhe i motivuar. Ishte një inskenim që kërkonte forcë dhe që më çonte në kufijtë e mi të skajshëm.

Askush nuk e shihte dot se çfarë fshihej pas kësaj fasade. Askush nuk e dinte sa shumë po vuaja. Nga jashtë dukesha e përsosur, por nga brenda isha e shkërmoqur. Ishte një betejë të cilën po e luftoja e vetme, me veten time. Një luftë midis asaj që pretendoja të isha dhe asaj që ndjeja në të vërtetë. Sot, e kuptoj sa e rëndësishme ishte që t'i lejoja ndjenjat e mia të vërteta, sepse vetëm kështu mund të gjeja shërimin e vërtetë dhe paqen të brendshme.

Kisha rënë në depresion dhe sulmet panikut ishin të shpeshta, por këtë refuzoja ta pranoja. Nëse do ta pranoja, nuk do të isha më perfekte. Kështu, kalova vite në këtë luftë të brendshme, në një gjendje dëshpërimi dhe vuajtje, ndërsa vazhdoja të bindja veten se e gjithë kjo ishte normale.

Errësira më mbulonte si një mantel i padukshëm, kurse paniku më kaplonte në intervale të rregullta, por unë mbaja fort fasadën time. Kisha frikë se pranimi i problemeve të mia psikologjike do të thoshte se isha e dobët, se kisha dështuar. Prandaj, shtypa ndjenjat e mia, fshihja frikërat e mia prapa një buzëqeshjeje dhe bindja ime ishte se gjithçka ishte në rregull. Vitet kaluan, dhe lufta ime e brendshme bëhej gjithnjë e më intensive. Depresionet më shqetësonin, sulmet e panikut më merrnin frymën, dhe megjithatë vazhdoja të luftoja kundër realitetit. E fsheha emocionet e mia thellë brenda, mbylla derën e shpirtit tim të vërtetë dhe e bindja veten se kështu duhej të ishte.

Vitet kalonin dhe lufta ime e brendshme bëhej gjithnjë e më intensive. Depresionet më shqetësonin, sulmet e panikut ma merrnin frymën, e megjithatë vazhdoja të isha në luftë kundër realitetit. Emocionet e mia i fsheha thellë brenda meje, ia mbylla derën shpirtit tim të vërtetë dhe mundohesha ta bindja veten se kështu duhej të ishte. Rruga që kish zgjedhur ishte e dhimbshme, një rrugë e mohimit të vetes dhe fshehjes nga e vërteta. Asokohe nuk e kuptoja rëndësinë e kërkimit dhe pranimit të ndihmës kur për të ke nevojë, e as rëndësinë t'ia pranosh vetes momentet e dobësisë dhe se është në rregull të mos jesh perfekt. Pranimi i dobësive dhe frikërave të mia ishte hapi i parë në rrugën drejt shërimit dhe në procesin e të kuptuarit se forca e vërtetë qëndron në përballjen me demonët e mi të brendshëm dhe në kërkimin e ndihmës.

Asgjë nuk ishte normale. Vuaja nga depresioni dhe sulmet e panikut. Të gjitha ato vuajtje, e gjithë errësira që më rrethonte, nuk mund t'i injoroja më. Të gjitha këto ndodhnin sepse nuk kujdesesha për veten, sepse nuk e doja dhe nuk e respektoja veten dhe sepse kisha humbur kuptimin e ekzistencës sime. Unë ekzistoja vetëm sepse e besoja se vetëvrasja është mëkat dhe se nuk doja t'i shkaktoja dhimbje familjes sime.

Boshllëku brenda meje po rritej nga dita në ditë, errësira më mbulonte si një mjegull e papërshkueshme, kurse sulmet e panikut më merrnin frymën.

Më bëhej sikur isha e bllokuar në një gropë të errët, e paaftë për të gjetur një dalje. Po humbisja gjithnjë e më shumë në mendimet e mia, në frikërat dhe dyshimet e mia, dhe ndihesha si një e huaj në këtë botë.

Të kuptuarit se kisha neglizhuar veten, se kisha injoruar nevojat dhe dëshirat e mia, më goditi si një gjyle. E kuptova se mungesa e dashurisë për veten dhe respekti i pamjaftueshëm ma kishin shembur dheun poshtë këmbëve. Nuk e njihja më veten, ku duhej të shkoja, e madje as arsyen pse isha këtu në të vërtetë.

I lejoja të tjerëve të flisnin me mua si të isha pa asnjë vlerë. Por, më e keqja ishte se fillova ta besoja vetë këtë situata.

Përsëritej vazhdimisht fraza: "Ti je grua, gratë janë për punët e shtëpisë." "Ti je grua, je një budallaçkë pa asnjë ide."

Këto fjalë të shëmtuara u përbrendësuan brenda meje dhe fillova t'i shihja si të miat. Frika se mos do humbisja gjithçka ishte aq e madhe, saqë i lejoja të tjerët të më bënin një qenie të papërfillshme, një qenie pa dinjitet.

Ua lejoja të tjerëve të më zhvlerësonin, të më shantazhonin dhe të më nënçmonin për shkak të gjinisë sime.

Dyshimet për veten time rriteshin, respekti për veten po zhdukej. Ndihesha e pa vlerë, inferiore, e parëndësishme. Frika nga të mbeturit e vetme, nga të humburit e gjithçkaje, më shtynte të tradhtoja veten, ta bëja veten të vogël, të bëja veten të padukshme.

Sot, e kuptoj rëndësinë e dashurisë dhe respektit për veten, të mos lejoj të tjerët të më bëjnë të vogël me fjalët e tyre. Të kuptuarit se vlera ime nuk varet nga ajo që mendojnë ose thonë të tjerët ishte një proces i dhimbshëm, por edhe çlirues. Ishte një rrugë shërimi që më ka treguar se forca e vërtetë qëndron në ruajtjen e besnikërisë ndaj vetes dhe në dashurinë për veten.

Tani, me siguri që po pyet veten se përse ia lejova vetes të futesha në gjithë këtë katrahurë. Të njëjtën pyetje ia kam bërë edhe unë vetes, pavarësisht se me vonesë. Pse nuk reagova më herët, pse nuk gjeta forcën për të bërë diçka kundër kësaj? Përgjigjja është e thjeshtë dhe njëkohësisht e ndërlikuar. Fillova të besoja në të gjitha këto, fillova të besoja në fjalët e dhimbshme që më rrethonin. Fillova të besoja se isha e pavlerë.

Fjalët e të tjerëve u strehuan thellë brenda meje dhe më shponin në zemër si me thikë. Dyshimet për veten rriteshin, respekti për veten zhdukej. I pranova fjalët e të tjerëve si të vërtetën time, e përvetësova imazhin që më jepnin për veten dhe fillova ta jetoja atë.

Ishte një proces i ngadalshëm i vetë-shkatërrimit, një spirale e refuzimit të vetes që më mbante të bllokuar. Po humbisja gjithnjë e më shumë besimin në vete, në forcat e mia, në aftësitë e mia. Ndihesha e vogël, e parëndësishme, e padukshme dhe e gjithë kjo ndodhte vetëm sepse fillova të besoja në gënjeshtrat që thoshin për mua.

Pyetja pse e lejoja veten të kaloja nëpër gjithë këtë katrahurë, mbeti e paqartë për një kohë të gjatë. Por sot, e kuptoj fuqinë e fjalëve, fuqinë e pranimit dhe dashurisë për veten. Kuptimi se vlera ime nuk varet nga ajo që mendojnë ose thonë të tjerët për mua ishte hapi i parë në rrugën drejt shërimit dhe rikthimit të respektit për veten.

Është një proces i dhimbshëm, por edhe çlirues drejt zbulimit të vetes që më ka treguar se unë vlej më shumë se fjalët negative që janë thënë për mua. Unë jam e çmuar, unë jam e rëndësishme, unë jam e mjaftueshme dhe nuk do të lejoj kurrë më që të tjerët të më bëjnë të vogël, sepse kam mësuar të dua dhe të respektoj veten time, kështu siç jam.

Ishte një luftë e vetme me veten time, jo për shkak se nuk kisha askënd që më donte, por sepse frika më izolonte. Ndihesha e bllokuar nga pasiguria dhe dyshimet, e paaftë për të pranuar ndihmën që më ofrohej. Të dashurit e mi e ndienin se diçka nuk shkonte.

Ata pyesnin për mirëqenien time, por përgjigjja ime standarde ishte gjithmonë: "Jam shumë mirë." Muret që kisha ngritur rreth vetes dukeshin të pakapërcyeshme dhe ndihesha gjithnjë e më e vetmuar me luftërat e mia të brendshme. Dëshira për mirëkuptim dhe mbështetje ishte e madhe, por frika nga refuzimi dhe zhgënjimi më mbante të bllokuar. Nuk doja të tregoja se isha e cenueshme, nuk doja ta pranoja se kisha nevojë për ndihmë, sepse do të thoshte të pranoja dobësinë time.

Ishte një rreth vicioz i dyshimeve për veten dhe fasadave, i vetmisë dhe dëshirës për afërsi. Dëshiroja një vesh të hapur, një shikim të dashur që do të më thoshte se nuk isha e vetme. Por, frika ime ishte më e fortë dhe kështu mbeta e bllokuar në heshtjen time, në vetminë time të padurueshme. Të kuptuarit se po e bllokoja veten, se po i qëndroja vetes përpara, ishte i dhimbshëm.

Rruga drejt shërimit dhe rikthimit të besimit në vete dhe në të dashurit e mi ishte ende e gjatë.

E dija se do më duhej kohë për të thyer muret rreth zemrës sime dhe për të pranuar më në fund ndihmën që më ofrohej.

E dashur,

Më beso. Isha e përsosur dhe funksionoja shkëlqyer
për të tjerët, jo për veten time. Isha mjeshtre në
fshehje, mbretëreshë e dukjes, eksperte në lojën e
maskave. Qeshja kur pritej nga mua, funksionoja kur
kërkohej, dhe jepja më të mirën time për t'iu
përshtatur pretendimeve të botës. Por, gjithë kjo ishte
vetëm një fasadë, një iluzion që e mbaja gjallë për të
mos e pranuar se brenda isha e thyer.

Dukja ime ishte shkëlqyese, buzëqeshja ime ishte
inskenuar deri në perfeksion, por brenda meje kishte
një stuhi ndjenjash, frikërash dhe refuzimit të tyre.
Isha mjeshtre në fshehjen e ndjenjave të mia të
vërteta, në shtypjen e zërit tim të brendshëm që më
thoshte se diçka nuk shkonte. Funksionoja si një robot
që nuk njeh lodhje, që nuk tregon dobësi, që nuk lejon
emocione. Megjithatë, nën sipërfaqe ziente një vullkan
i dëshirave të paplotësuara, ndjenjave të shtypura dhe
ëndrrave të lënduara. Jepja më të mirën time për të
përmbushur kërkesat e shoqërisë, për të përmbushur
pritshmëritë e të dashurve të mi, për të mbajtur
dukjen perfekte.

Por në këtë proces humba veten sepse i mohoja nevojat e mia të vërteta, ëndrrat e mia të vërteta, zërin tim të vërtetë. Funksionoja aq mirë për të tjerët, sa harrova të kujdesesha për veten, të dashuroja veten, të respektoja veten. Në këtë kuptim qëndronte e vërteta që më çoi përfundimisht të dyshoja për veten, të hiqja maskat dhe të pranoja se perfeksioni i vërtetë qëndron te dashuria për veten, pranimin e vetes dhe autenticitetin.

Dikur isha një grua e re, plot jetë, që shkëlqente dhe ishte e mbushur me energji. Por, me kalimin e kohës u bëra një hije e vetes time, një hije që humbi në dhimbje dhe dëshpërim. Trupi im filloi të ndryshonte, shtova në peshë ndonëse ha pak. Më bëhej sikur po fryhesha pa ndonjë arsye të dukshme. Nuk isha e trashë, por e fryrë dhe nuk mund ta kuptoja se përse ndodhte kjo.

U përpoqa të reagoja duke u marr me sport, njësoj si më parë, kur disa seanca në palestër më mjaftonin për të rikthyer figurën time ideale. Por, këtë herë asgjë nuk dukej se ndihmonte. Zhgënjimi po rritej, motivimi po zhdukej dhe ndihesha edhe më larg vetes sime. Mendimet se ndoshta ishte normale të ndryshoja me moshën më vinin në mendje. Shkëputja nga trupi dhe imazhi i vetes sime po bëhej gjithnjë e më e madhe dhe po zhytesha gjithnjë e më thellë në dhimbjen time. Ndihesha e humbur, e pa-kuptuar, dhe besimi në bukurinë dhe forcën time po zhdukej. Ishte një kohë e dyshimeve për veten, e luftërave të brendshme dhe e humbjes së vlerësimit për veten.

Për më keq, fillova të ndryshoja duke përvetësuar sjellje të panatyrshme për mua. Në momente dobësie filloja të shpërfaqja modele sjelljesh të njëjta me personin që ndodhej përballë mua.

Fjalët nuk i zgjidhja me kujdes dhe më humbi respekti minimal gjatë komunikimit. Lejoja të udhëhiqesha nga emocionet dhe reagoja impulsivisht dhe me nënçmim.

U bëra e zëshme dhe përdorja fjalë të shëmtuara. Kjo ndodhte gjithnjë e më shpesh, por nuk isha unë. Këtë anë timen që e shpërfaqa gjatë kësaj periudhe e urrej thellësisht. Aplikimi i këtyre modeleve të sjelljes më bënte të ndihesha e shkëputur nga vetja ime.

Por kjo ishte mbrojtja ime, mekanizmi im i mbrojtjes, u bëra pasqyra e personit përballë. Sa herë që bëhesha një person i tillë, përfundoja sërish në gropën time të thellë.

Kjo ishte një kohë kur m'u rrit urrejtja ndaj vetes, një luftë që nuk e përballoja më dot vetëm sepse isha mbërthyer në rrethin vicioz të së keqes. Sa më shumë e urreja veten, aq më shumë humbja respektin dhe vlerësimin për veten.

Dukej sikur isha bërë e huaj për veten time, sikur kisha tradhtuar vlerat dhe parimet mia. Çdo fjalë nënçmuese që dilte nga goja ime, e ndjeja si një tradhti ndaj vetes sime, një goditje në fytyrë të shpirtit tim.

Mbase mund t'ia qëllosh. Sërish iu ktheva të qarave. Depresioni m'u shtua edhe më shumë.

Dhimbjet që ia shkaktoja vetes, vetë-shkatërrimi përmes fjalëve dhe veprimeve të mia, më çonte gjithnjë e më thellë në errësirë.

Kur shikoj pas, duket logjike që ndihesha gjithnjë e më keq. Përmes këtyre sjelljeve vetë-shkatërruese të cilat nuk mund t'i kontrolloja, po humbja gjithnjë e më shumë dhe po fundosesha gjithnjë e më thellë në humnerën time.

Ditë pas dite, erdhi një çast kur refuzova të isha pjesë e kësaj loje me veten. Nuk është se i reagova dikujt, por u tërhoqa dhe i lashë lotët të rridhnin lirshëm. Në mes të stuhisë sime të brendshme, më shkroi një mike e imja, e cila më sugjeroi të takoheshim pranë liqenit. Të them të drejtën, nuk është se më dilej sepse doja thjesht të isha vetëm dhe të mos ndieja asgjë. Por papritur, dëgjova një zë në mendjen time që tha: "Hej, dil dhe argëtohu. Çfarë ke për të humbur?"

Megjithëse gjendjen e kisha të rënduar dhe ndieja një boshllëk të madh, vendosa që ftesës së mikes time t'i përgjigjem pozitivisht. Ky ishte vendimi më i miri i jetës sime. Kur arritëm pranë liqenit, ndjeva se errësira brenda meje po tërhiqej pak. Ajri i freskët, zhurma e liqenit, prania e mikes sime - të gjitha këto filluan ngadalë të m'i ngjallnin mendimet e mia të ndrydhura. Biseduam, qeshëm, shijuam diellin... dhe papritmas e kuptova se një frymë çlirimi po lindte brenda meje.

Koha pranë liqenit kaloi si me fluturim dhe për një
moment harrova të gjitha shqetësimet dhe frikërat e
mia. Ishte si një dritë e vogël në errësirë që më
tregonte se ende kishte momente të bukura në jetë, se
ia vlen ta depërtosh errësirën dhe sërish të ndiesh pak
lehtësi. Kjo kthesë e papritur më dha shpresë dhe
guxim që, ndonëse në mes të errësirës, kishte mundësi
për të gjetur dritë dhe për të ndjerë pak gëzim jetësor.

Atëherë e kuptova se personi i vetëm që më pengonte
isha vetë unë. Unë isha fajtore për gjithçka.
Gjithmonë fajin e kërkoja te të tjerët, por në të vërtetë
problemi isha unë sepse nuk mund të çlirohesha nga
frikërat e mia. Po e shkatërroja veten nga frika e të
panjohurës, nga frika e ndryshimeve, nga frika për t'u
përballur vërtet me dyshimet e mia më të thella.

Kisha ndjenjën se nuk e meritoja të isha e lumtur.
Pranova dhunën që më ishte bërë, shkatërrimin që i
bëja vetes. Më dhembte të kuptoja se isha UNË ajo që
kishte hequr dorë, se isha tradhtuar dhe lënë pas
dore. Isha armikja më e madhe e vetes sime, kritikja
ime më e madhe e vetes sime, sabotatorja më e madhe
e vetes sime.

Ishte një moment i dhimbshëm i njohjes, një moment i së vërtetës që më detyroi të përballesha me demonët e mi më të brendshëm. E kuptova se isha e vetmja pengesë drejt realizimit dhe lumturisë sime, e vetmja pengesë të doja dhe të respektoja veten. Ishte një rrugë e vështirë që duhej të bëja për të kuptuar se isha unë ajo që kisha ndërtuar mure përreth vetes. Por në këtë proces të njohjes së vetes qëndronte edhe një mundësi për ndryshim, për shërim, për të rikthyer dhe rifituar veten time.

Që nga ajo ditë, fillova të isha sërish për veten time dhe ky kapërcim nuk ishte i lehtë. Rrëzohesha, por secilën herë ngrihesha sërish dhe luftoja për veten time. Hapa pas hapi, ndoqa rrugën time të shërimit edhe pse ajo ishte e vështirë dhe plot sfida.

Mundësi për të qenë i sinqertë me veten

U hapesha prindërve të mi dhe u flisja për situatën time. Fillimisht nuk më kuptonin sepse për ta kjo ishte një befasi. Në fillim përpiqesha t'ua shpjegoja në një mënyrë të butë, por e kuptova se nga ndrojtja që kisha po u rrëfeja historinë time në mënyrë sipërfaqësore. Ishte një moment i dhimbshëm kur u përballa me frikërat dhe ndjenjat e mia më të thella dhe prindërve ua zbulova të vërtetën për situatën dhe ndjesitë e time përkitazi me të.

Pavarësisht vullnetit për të mos i përfshirë, e aq më pak për t'i lënduar, u thashë me vendosmëri: "Ose pranoni vendimin tim, ose do të më shihni në psikiatri ose do t'i jap fund jetës." Këto fjalë ishin të rënda dhe i goditën shumë, por ato vinin nga dëshpërimi më i thellë dhe vullneti më i fortë për të ndryshuar jetën time. Nuk mund të qëndroja më në këtë errësirë, nuk mundja dhe nuk doja të jetoja në mënyrën si kisha etuar për shumë vjet.

Ishte një pikë kthese. E kuptova se kam të drejtën të jem e lumtur, të kem të drejtën të qëndroj për veten time dhe t'i marr seriozisht nevojat e mia. Për herë të parë pas një kohe të gjatë, ndjeva një frymë shprese dhe besimi se është e mundur të jem sërish vetvetja. Kjo periudhë ishte e vështirë për mua. Duhej të gjeja vendin tim në jetë, sepse nuk e dija më se kush isha.

Në këtë proces, njoha shumë njerëz të ri dhe pavarësisht nga cenueshmëria dhe pasiguria ime, doja t'u ndihmoja. Gjithmonë mendoja se askush nuk qëndronte pranë, sepse nuk e kisha hapur veten dhe kështu ndihesha e detyruar të qëndroja pranë të tjerëve kur ata më hapeshim me gjithë sinqeritetin.

Ndieja përgjegjësi për mirëqenien e të tjerëve, por si falënderim, disa nga ata më shfrytëzuan dhe abuzuan me mua për qëllimet e tyre. Problemi im më i madh prej kohësh ishte vështirësia të thosha "jo". Sa herë që përpiqesha t'i vendosja kufijtë e mi, më kapte një ndjenjë e keqe. Ndihesha fajtore dhe egoiste.

Ky model i sjelljes dhe pamundësia për të thënë "jo" më çoi në humbje të reja.

Bëhej fjalë për neglizhencën e nevojave të mia dhe caktimin e kufijve të mi.

Ishte një proces i dhimbshëm i njohjes së vetes, por që më detyroi të pyesja veten pse isha gjithmonë e gatshme të ndihmoja të tjerët, e ndërkohë neglizhoja veten time.

Këtu dua të ofroj një këshillë timen.

Nëse ndodhesh në një situatë ku nuk ndihesh rehat dhe nuk dëshiron të bësh diçka, atëherë dëgjo thelbin tënd dhe thuaj JO. Kushtoji vëmendje kufijve të tu dhe respekto veten. Jepi vetes kohë për të zbuluar se çfarë të bën vërtet të lumtur dhe ndiq zemrën tënde. Ti meriton të jetosh një jetë që të plotëson dhe të bën të lumtur. Është jashtëzakonisht e rëndësishme të mos e bësh lumturinë tënde të varur nga pritshmëritë e të tjerëve. Qëndro me guxim dhe krijo jetën tënde ashtu siç ta merr mendja që është më e mira për ty. Tejkaloje veten, duaje dhe vlerësoje veten. Sepse vetëm kur të kesh vlerësim për veten pa kushte, mund të duash edhe të tjerët pa kushte.

Kur i ndihmon të tjerët, bëje pa kushte, pa pritur asgjë në shpërblim. Dëshira e vërtetë dhe dashuria janë pa kushte. Nëse ofron dashuri dhe mbështetje pa kushte, ajo do të kthehet te ti.

Dhe mos harro kurrë: ti je numri 1 për veten tënde. Ti ke vlera, prandaj nevojat dhe ndjenjat e tua janë po aq të rëndësishme sa ato të të tjerëve. Kujdesu fillimisht për mirëqenien tënde para se të kujdesesh për të tjerët. Trajtoje veten me dashurinë dhe respektin që meriton.

Me kalimin e kohës, kam mësuar se nuk ka asnjë përfitim afatgjatë në ndihmën që ia ofron dikujt për të zgjidhur problemet e tyre. Kam mësuar se, në vend të kësaj, më mirë është t'i mësosh të tjerët si t'i përballojnë vetë vështirësitë. Vetëm në këtë mënyrë ata mund të rriten dhe të zhvillohen. Edhe në rastet kur kjo të duket e vështirë, përmbaju dhe lëre personin t'i gjejë zgjidhjet e veta. Më mbush me kënaqësi dhe gëzim kur shoh që dikush përparon përmes përpjekjeve dhe mësimeve të veta. Është një ndjenjë e bukur të shohësh se si dikush zhvillohet dhe tejkalon veten. Këto momente ma japin ndjesinë se ndihma ime vërtet ka pasur ndikim.

Më intereson që njerëzit përreth meje të jenë të aftë ta ndihmojnë veten dhe t'i përballojnë sfidat e tyre. Nuk dua që ata të jenë të varur prej meje, por të jenë të pavarur dhe me vetëbesim në rrugën e tyre. Kjo njohuri ma ka ndryshuar kuptimin për ndihmën dhe mbështetjen dhe më ka mësuar se ndihma e vërtetë është t'u ofrosh të tjerëve veglat për të qenë të suksesshëm me forcat e tyre.

Kur përfundimisht u çlirova nga ajo që unë e quaj "Sweet Escape" (arratisje e ëmbël), u zhyta thellë në jetën e ndaluar. Dëshira për të lundruar kundrejt rrjedhës dhe pritshmërive ishte e pakontrolluar. Doja të hiqja maskën e përsosmërisë, nuk doja më t'i nënshtrohesha presionit për të qenë gjithmonë e pacenueshme. Për një vit e shkatërrova veten, deri sa më në fund e kuptova se ishte koha të gjeja rrugën time.

Përvojat në jetën e ndaluar m'i hapën sytë. Besimi im u keqpërdor, mirëkuptimi dhe gatishmëria ime u shfrytëzuan. Por, pavarësisht të gjitha dhimbjeve dhe zhgënjimeve që përjetova, nuk mund të ndaloja së ecuri. Kureshtja më shtyu t'i kuptoja arsyet pse më ishte mohuar qasja në disa vende dhe eksperienca. Pse nuk duhej të kishte një vend për mua? Kjo pyetje më digjte brenda dhe më shtynte ta zbuloja vetë.

Me çdo hap që bëja në rrugën time, ndjeja një përzierje ndjenjash – frikë, pasiguri, mosbesim, zemërim, gëzim, e çka jo tjetër. Isha e gatshme të eksploroja të vërtetën për veten time dhe mjedisin tim edhe nëse do të thoshte të lija zonën e rehatisë dhe të përballesha me të panjohurën. Pavarësisht të gjitha sfidave që kam përjetuar në jetën time, gjithmonë kam përpjekur të shoh të mirën në çdo njeri.

Pavarësisht sa e vështirë që mund të ishte situata, kam bërë përpjekje ta kuptoja pse disa njerëz vepruan siç vepruan. Kam menduar se si mund t'i ndihmoja dhe t'i mbështesja këta persona. Thjesht nuk më shkonte në mendje se dikush mund të shfrytëzonte mirësinë time ose të abuzonte me mua për qëllime të veta, sepse thjesht nuk isha e tillë.

Një tjetër gabim i madh që kam bërë ishte që besoja se të gjithë të tjerët ishin njësoj si unë. E kam marrë veten si një masë dhe kam shpresuar se secili njeri duhet të marrë dashurinë që mua më ka munguar aq shumë në jetën time.

Por, duke e parë pas, mbase ishte naive të mendoja se mund t'u jepja të tjerëve dashurinë që vetë nuk e kisha marrë ndonjëherë.

Në fund, kam mësuar se është e rëndësishme të kujdesesha për veten dhe t'i ofroja vetes dashuri, para se këto t'ia ofroja të tjerëve. Si mund t'u ofrosh dashuri të tjerëve, kur nuk mund të pranosh dashurinë për veten tënde? Ishte një proces i dhimbshëm, por e kuptova se është në rregull të mendoja për veten dhe të dëgjoja nevojat e mia.

Sepse vetëm kur je në ekuilibër me veten, mund t'i qasesh të tjerëve në një mënyrë të shëndetshme dhe dashamirëse.

Këtu dëshiroj të të jap përsëri diçka në rrugën tënde. Nuk mund ta duash askënd ashtu si dëshiron të duash, pa e dashur fillimisht veten pa kushte. Është e mundur të dhurosh dashuri dhe lumturi vetëm kur e do veten pa kushte.

Dashuria për veten do të thotë të pranojmë veten, me të gjitha avantazhet dhe dobësitë tona dhe ta shikojmë veten me dhembshuri dhe vlerësim. Kërkon guxim për të pranuar dhe dashuruar veten, pa marrë parasysh pritshmëritë e jashtme apo mendimet vetëkritike. Vetëm kur e do dhe e respekton veten, mund të ofrosh dashuri dhe mbështetje për të tjerët që vijnë nga zemra.

Kjo do të thotë të falësh veten, të kujdesesh për veten dhe ta kesh veten prioritet. Kur të mësosh të duash veten, do të jesh në gjendje t'u ofrosh të gjithë njerëzve përreth teje dashurinë, kuptimin dhe dhembshurinë që ata e meritojnë. Dashuria për veten është çelësi për të ndërtuar një marrëdhënie të shëndetshme me veten dhe me të tjerët. Është fillimi i një rruge të shërimit të brendshëm dhe shprehjes së vetes në një mënyrë krejt autentike. Pra, mëso të duash veten, pastaj do të jesh në gjendje t'u ofrosh të tjerëve dashuri nga zemra.

Mund të më besosh, kam pasur vështirësi të them JO. Kur dikush më kërkonte para, kisha dhembshuri për atë person. E kisha të njohur ndjenjën e mungesës së parave dhe domosdoshmërinë për të paguar borxhet. Shumë njerëz zgjonin ndjenjën time të mëshirës dhe e abuzonin me paturpësisht. Abuzonin me mirësinë time, gatishmërinë dhe besimin tim, pa ndier asnjë fije njerëzillëku. Kështu, u bëra sërish viktimë e narcisistëve. Narcisistët janë pa zemër, u intereson vetëm mirëqenia e tyre dhe në fund e paraqesin veten si viktima.

Pas kësaj, fillova të informohesha në internet për narcisizmin. Dëshiroja të mësoja si t'i njihja këta lloj njerëzish, për t'u mbrojtur nga dëmet e mëtejshme. Ishte një hap i rëndësishëm për mua për të kuptuar se si veprojnë narcisistët dhe si mund të mbrohem nga taktikat e tyre manipuluese. Ishte një masë për t'u mbrojtur nga shfrytëzimi i mëtejshëm dhe për të forcuar kufijtë e mi.

Në kapitujt e mëvonshëm do të shkruaj për narcisistët, në mënyrë që të përgatitesh dhe të mësosh se si të mos biesh në kurthin e tyre. Bëhet fjalë për të njohur karakteristikat e narcisistëve dhe për të zhvilluar strategji për t'u mbrojtur nga ndikimet e tyre negative.

Isha bujare dhe e lirë, besoja dhe jepja shumë nga vetja, por në thelb isha thjesht naive. Naive sepse punoja fort për të financuar jetën time, në vend që ta shfrytëzoja "tepricën" e parave për mirëqenien time. Refuzoja të përdorja paratë për veten time, besoja se të tjerët do të mbajnë fjalën dhe do të më kthenin gjithçka. Pavarësisht se kujt i kam borxh në jetën time, gjithmonë kam dhënë më shumë, për mirënjohje për besimin që më kishin treguar. Është një goditje e fortë kur e kupton se jo të gjithë kanë të njëjtën ndershmëri dhe bujari si ti.

Por, pavarësisht të gjitha zhgënjimeve dhe pengesave, kam mësuar se është e rëndësishme të mbrosh veten dhe të kujdesesh për veten. Kam kuptuar se nuk është egoizëm të mendosh ndonjëherë për veten dhe të kujdesesh për mirëqenien tënde. Në përpjekjen time për të ndihmuar të tjerët dhe për të bërë mirë, shpesh kam harruar të mbroj veten. Por, tani ishte koha të jepja edhe për veten dashurinë dhe mbështetjen që aq bujarisht ia kam dhënë të tjerëve. Është një rrugë vetëmbrojtjeje për të mësuar të vendosur kufij dhe për t'u mbrojtur nga dëmtimi i mëtejshëm.

Këtu ishte përsëri gabimi im, vetëm sepse unë jam korrekt edhe i kthej borxhet e mia pa kushte dje me kohë, nuk do të thotë se të tjerët janë njësoj.

Kur ishte e mundur, unë i shleva borxhet e mia me kohë dhe për këtë mu desh të hiqja dorë nga shumë gjëra. Por, nuk doja kurrë që dikush të mendonte se unë jetoj një jetë luksoze ndërkohë që kisha borxhe për të shlyer. Nëse ke borxhe, duhet t'i shlyesh ato fillimisht, pastaj mund të shijosh gjithçka. Nuk do të mund ta pranoja kurrë të kem borxhe dhe të jetoj një jetë që mbështetet te borxhet e të tjerëve. Jo, këtë nuk do ta bëja kurrë, do të përbuzja veten për një sjellje të tillë.

Është një parim nga i cili nuk kam hequr dorë asnjëherë - për të vepruar gjithmonë me integritet dhe sinqeritet. Nuk doja vetëm të jetoja një jetë që shfaqte vlera si ndershmëria dhe përgjegjësia, por gjithashtu të isha në harmoni me bindjet e mia brenda. Për mua ishte e rëndësishme të mos mbaja vetëm një pamje të jashtme, por edhe të isha në paqe me veten time. Sepse, në fund të fundit, nuk është vetëm imazhi që ne paraqesim jashtë, por gjithashtu ajo që ndiejmë dhe mendojmë brenda.

Për mua ishte thelbësore t'i qëndroja besnike vlerave të mia dhe të kisha respekt për veten.

Mësimi im ishte të kuptoja vlerën e parave. Kam pasur net të paqëndrueshme, jo sepse nuk mund të flija, por sepse punoja aq shumë sa nuk kisha kohë për të fjetur.

Kur kuptova se shpenzimet e mia po rriteshin gjithnjë e më shumë, tërhoqa frenin për të parandaluar dëmet e mëtejme.

Mendova se më mirë do të ishte sikur të humbja disa mijë franga sesa kjo shumë të shkonte në pesë shifra. Sërish më mbërtheu frika, e këtë herë frika konsistonte te vet ekzistenca ime. Jam befasuar kur e kuptova se për sa pak para njerëzit ishin në gjendje të shisnin nderin dhe krenarinë e tyre. Të tillët, thuhet ndër ne, janë për keqardhje sepse nderin dhe krenarinë e tyre e vënë në pazar, e madje me çmim të ulët.

Kam njohur të tillë që betoheshin në varrin e prindërve të tyre për 100 franga. Jepnin fjalë, betoheshin në më të dashurit e tyre dhe kurrë nuk e mbanin fjalën. Paratë për të cilat po flas, nuk u dhuruan, por u huazuan, me premtimin se do të ktheheshin në ditën paraprakisht të caktuara dhe dakorduara. Kur borxhi nuk më kthehej në kohën e dakorduar, ishte normale të prisja një njoftim nga ta. Mjaftonte që personi të thoshte: "Më vjen keq, nuk po mund ta kryej obligim tim." Përkundrazi, ata jetonin në luks, bënin sikur ishin të pasur dhe shmangnin kontaktin me mua. Kjo më lëndoi. Ishte një përvojë e vështirë – një përvojë e cila më mësoi të jem më e kujdesshme dhe të vendos kufij.

Ka njerëz që nuk m'i kanë kthyer paratë e marra borxh sot e kësaj dite.

Nga kjo distancë kohore, them se mbase kështu duhej të ndodhte sepse ishte një mënyrë për ta kuptuar se në këtë botë ekzistonin edhe kësi soji njerëzish.

Paratë ndoshta nuk do t'i shoh më kurrë, dhe kjo është në rregull, sepse nuk jam unë hajduti në këtë histori.

Nuk do më duhet të dal para Zotit dhe të jap llogari për këto mëkate. Llogaritë duhet t'i bëjnë ata që m'i vodhën paratë.

Duhej ta pranoja se jo të gjithë njerëzit ndajnë të njëjtat vlera dhe parime me të miat.

Ishte zhgënjyese të shihja se si disa njerëz shfrytëzonin bujarinë dhe gatishmërinë time për t'u pasuruar vetë, pa menduar për pasojat për mua.

Por, në perspektivë, ishte një hap i rëndësishëm për të njohur se kush është vërtet luajal dhe i sinqertë dhe kush jo.

Ndonëse paratë që ua kam huazuar nuk do të më kthehen kurrë, pavarësisht kësaj unë jam mirënjohëse për këtë përvojë sepse më ka mësuar të jem më e kujdesshme, të vendos kufij dhe të mbrohem nga zhgënjime të tjera.

Këto ishin ngjarjet që i paraprinë vendimit tim për të t'i vënë qëllimet për vitin 2024. Thellë brenda meje ndjeva dëshirën për një mrekulli timen, për diçka të veçantë që do të ma ndryshonte jetën. Nuk doja më të prisja ndonjë mrekulli nga ambienti i jashtëm, por të bëhesha aktive dhe të krijoja një mrekulli timen. Prandaj i thashë vetes: "Fillo të duash pa kushte dhe të jetosh me të vërtetë." Ishte një moment ndërgjegjësimi kur vendosa të vija veten në qendër dhe t'i jepja vetes dashurinë dhe vëmendjen që e meritoja.

Fillova të punoja me veten dhe të realizoja atë mrekullinë që besoja se ndodhej brenda meje. Përtej të gjitha sfidave dhe zhgënjimeve që jeta më ofronte, papritmas e kuptova fuqinë dhe vlerën që mbaja brenda vetes. Vendosa ta doja veten pa kushte dhe t'i jepja vetes atë që kisha pritur kaq gjatë nga të tjerët.

E kuptova se mrekullia më e madhe që mund të përjetoja ishte brenda vetes. Kështu fillova ta shihja veten si mrekullinë time – mrekullinë që më frymëzon dhe më forcon çdo ditë.

Vetë-reflektimi im

Nuk isha aty ku doja të isha, ndieja sikur isha në një vend të gabuar. Pavarësisht se në cilin vend të botës ndihesha, gjithmonë kisha ndjenjën se nuk isha në vendin e duhur. Mendja ime ishte vazhdimisht e zënë me pyetje se ku mund të isha më e lumtur. Por, e kuptova se duhej të mësoja të shfrytëzoja sa më mirë situatën në të cilën ndihesha.

Duhej të ndalesha së brengosuri për gjërat që ishin jashtë kontrollit tim. Ishte koha të gëzoja jetën në plotësinë e saj dhe të jetoja në vendin e tanishëm dhe në momentin e tanishëm – këtu dhe tani.

Kështu nisa pastrimet në jetën time. Ishte koha për ndryshime radikale. Së pari më duhej të largoja nga vetja të gjithë ata njerëz që më jepnin vetëm energji negative dhe fatkeqësi. Negativiteti i tyre nuk përputhet me rrugën time të rritjes dhe zhvillimit personal. Ata që pengonin dhe kufizonin përpjekjet e mia për sukses dhe kënaqësi nuk kishin më vend në jetën time. Ishte koha të ndahesha nga gjithçka që nuk më bënte mirë dhe që më pengonte të zhvilloja potencialin tim të plotë.

Me siguri je duke thënë se veprimet e mia qenkan egoiste, por me raste duhet të sillesh me ashpërsi dhe vendosmëri në mënyrë që të vihesh në kërkim të lumturisë tënde. Një rrugëtim i tillë fillon me vendosjen e kufijve. Të mos kesh asnjë dyshim, unë jam pa dyshim nga ata njerëzit më luajal dhe më të sjellshëm që do të takosh ndonjëherë për sa kohë që më trajton me respekt. Për ata që më janë të dashur, jam në gjendje të jap gjithçka vetëm e vetëm t'i shoh të kënaqur e të lumtur. Mohimet personale ndaj këtyre njerëzve nuk i llogaris për sakrifica.

Nëse dikush më tregon respekt, unë do t'ia kthej me akoma më shumë respekt. Lojaliteti, nga ana ime, gjithmonë vlerësohet. Unë jam gjithmonë e gatshme të vihem në shërbim të atyre që kanë nevojë për mbështetje. Në të kundërtën, ata që nuk shfaqin respekt nuk do ta kenë kurrë lojalitetin tim. Vendosmërinë time për injorim do ta ndiejnë menjëherë. Kushdo që nuk ka respekt për mua, nuk ka pse duhet të llogarisë në mbështetjen time, pavarësisht se sa të vështira mund të jenë sfidat me të cilat përballet.

Nuk pendohem për të kaluarën sepse kam bërë më të mirën që dija. Nuk pendohem edhe sepse më ka dhënë leksione të rëndësishme. Në vend të kësaj, kam vendosur të punoj çdo ditë me veten dhe të rritem personalisht.

Dashuria ime për Kosovën dhe vlerat e saj janë thellësisht të ngulitura në zemrën time. Tri nga këto vlera kosovare, të cilat i përfaqësoj 100%, janë "Besa, besë", "Fjala, fjalë" dhe "Shpresa vdes e fundit". Këto vlera përfaqësohen edhe nga qytetarët e Zvicrës me pasion dhe përkushtim.

"Besa, besë"

Zotimi për të mbajtur premtimin e dhënë.

"Fjala, fjalë"

Zotimi që fjala e dhënë duhet të mbahet gjithmonë.

"Shpresa vdes e fundit"

besimi për një të ardhme më të mirë.

Kuptimi i këtyre vlerave theksohet në mbarë botën. Fatkeqësisht, shumë njerëz i keqinterpretojnë dhe nuk i respektojnë.

Isha rehat, e gatshme të ndihmoj dhe të jem aty për të tjerët, por kurrë nuk isha e verbër për atë që ndodhte rreth meje. Çdo individ kishte mundësinë për t'u treguar i denjë. Disa mendonin se nuk do ta vija re atë që planifikonin, dhe i leja ata të besonin se isha naive. Më fascinonte të shihja se për çfarë veprimesh janë të aftë njerëzit.

Për mua, çdo njeri ka të njëjtën mundësi fillestare. Sa kohë që më jepet respekt dhe lojalitet, unë e kthej atë me vlerësim të dyfishtë. Por në momentin që më shfaqet mungesa e respektit, nuk do të mashtrohem më. Jo, që nga ai moment e shoh këtë person si armikun tim. Respekti dhe lojaliteti për mua janë vlera themelore, të cilat i vlerësoj dhe ndaj të cilave qëndroj besnike ndaj të tjerëve dhe vetes sime.

Me kalimin e kohës, u bëra gjithnjë e më e distancuar dhe e ftohtë. Secili zhgënjim ka lënë gjurmë te unë, por edhe m'i ka forcuar mekanizmat e mi të mbrojtjes. Muret rreth zemrës time u bënë më të larta dhe më të pakalueshme, derisa në fund nuk tregova më ndjenja dhe u izolova emocionalisht.

Kisha arritur në një pikë dhe në një gjendje ku nuk doja, ku shpresoja të mos arrija kurrë. Secili person që përpiqej të hynte në jetën time e shihja me dyshim dhe skepticizëm. Kisha hyrë në një aveny nëpër të vilën doja të ecja e vetme sepse doja të mbroja veten, t'i respektoja kufijtë e mi.

Pasi kisha vendosur të përballesha me disa prej tyre, e kuptova sa e lodhshme ishte të investoja kohë dhe energji në ta. Luftërat për superioritet dhe luftërat e fshehta që ata inskenonin ishin të lodhshme. E kisha të qartë se ishte për të mirën time, për mirëqenien time që këta njerëz t'i lija prapa krahëve dhe ta çliroja veten nga ndikimi i tyre negativ. Më në fund mund të merrja frymë thellë dhe të përqendrohesha te njerëzit që më respektonin dhe vlerësonin.

Ishte e nevojshme të bëja këtë hap për të mbrojtur veten dhe për të krijuar hapësirë për ndryshime pozitive në jetë. Largimi nga këto marrëdhënie ngarkuese ishte një çlirim që më dha mundësinë të jetoj një jetë më të lumtur dhe më të plotë.

Lumturia ime është në duart e mia dhe e kuptova se falja është çelësi për qetësinë e brendshme. Edhe pse ndonjëherë më dukej e vështirë të falja të tjerët, kuptova rëndësinë e faljes së vetes. E kaluara është e pakthyeshme dhe duhej të bëja paqe me të, për të pasur mundësinë të shikoj përpara.

E lehtësova veten të flasë, sepse në fund të fundit, nuk më intereson se çfarë mendojnë të tjerët për mua. Unë jam unë, dhe duhet të bëj vetëm atë që më duket e drejtë për veten time. Mendimet dhe gjykimet e të tjerëve nuk mund të më ndalojnë të ndjek rrugën time dhe të formësoj jetën sipas vizioneve të mia. Ishte një çlirim kur mësova të çlirohem nga pritshmëritë e të tjerëve dhe të përqendrohem në lumturinë dhe mirëqenien time.

Thënë këtë, besoj se pata një vit të mirë sepse arrita të përqendrohesha plotësisht te vetja dhe lumturia ime. Ky shteg i ri është premtues. Kam arritur që nga jeta ime t'i përjashtoj njerëzit që me praninë e tyre nuk më bënin mirë. Tani, rreth meje mbaja vetëm ata që më japin respekt, lojalitet dhe vlerësim të sinqertë. Ishte një fillim i ri ku kujdesem për mirëqenien time. Pranoja vetëm energji që më bëjnë të ndihem mirë. Ishte një ndjenjë çlirimi ta dija se isha e rrethuar nga njerëz që ma donin të mirën dhe që më mbështetnin.

Kështu të paktën mendoja dhe besoja derisa takova një person që m'i hapi sytë dhe më tregoi se akoma isha e mbërthyer në një cikël të keq. Kjo ishte një rreze drite që erdhi në jetën time që m'i përmbysi modelet e deriatëhershme të të menduarit. Ky person më bëri që situatën time të shihja nga një këndvështrim tjetër dhe të njihja modelet që ende më mbajnë të bllokuar.

Ky për mua ishte një zbulim trond.itës fillimisht, por në fund doli të jetë një zhvillim që më çliroi.

Zbulimi i këtij këndvështrimi të ri më bëri të kuptoja se ende nuk isha çliruar plotësisht dhe se nevojiteshin hapa të tjerë për t'u liruar me të vërtetë.

Ky takim ishte një alarm që ma bëri me dije se kisha nevojë për më shumë reflektim dhe vigjilencë për të tejkaluar modelet e vjetra.

Dashuri e papritur dhe ndjenja të thella

Në rrugën time të përmirësimit dhe ri-gjetjes së vetes, takova dikë që ndante vlerat e mia më të thella dhe që ma preku zemrën në një mënyrë që nuk e kisha menduar se do të më ndodhte. Kisha bindjen se njohja me këtë person ishte një vepër e Universit, sikur të ishim shpirtra që njihnim njëri-tjetrin për një kohë të gjatë që më në fund kanë gjetur rrugën e bashkimit. Afeksioni që u krijua mes nesh ishte si një dritë vezulluese në errësirën e pafund – një dritë që na tregonte rrugën dhe na jepte shpresë të re.

Para se ta takoja, kisha bërë disa përsiatje të detajuara mbi cilësitë që duhej të kishte personi të cilit mund t'i dhuroja dashuri. Dëshira ime e thellë ishte që të gjeja një partner me origjinë nga Kosova që jeton në Zvicër. Kisha nevojë për një lidhje të thellë që bazohet në sinqeritet dhe mendje hapësi, edhe me çmimin që t'ia zbuloja të vërtetat e mi të pakëndshme. Kërkoja një njeri të cilit mund t'i besoja pa kushte, me të cilin mund të rritesha dhe të zhvilloja veten.

Për mua ishte e rëndësishme që me këtë person të flisja për gjithçka pa u ndier e turpëruar apo e gjykuar. Dëshiroja një partner me të cilin mund të qesha, të argëtohesha, të kaloja çaste të bukura dhe aventura – me dikë që do t'i ndaja dëshirat, ëndrrat dhe ndjenjat më të thella. Ideja që partneri im të kishte fëmijë tashmë, nuk ishte ajo që parapëlqeja për ndërtimin e të ardhmes sime. Dëshiroja të përjetoja ndjenjën unike e të qenit shtatzënë për herë të parë dhe të përjetoja lindjen e fëmijës sonë bashkë me dikë që gjithashtu do t'i përjetonte këtë momente të çmuara për herë të parë.

Për mua ishte e rëndësishme që partneri i ardhshëm të më konsideronte si personin më të rëndësishëm të jetës dhe të më dashuronte pa kushte. Doja që ai të kishte vlerësim maksimal për pasionet e ia, për ambiciet e mia, për vendosmërinë time për ndryshim dhe për planet e mia për të ardhmen. Doja një partner që kupton, më respekton, që ka besim në mua. E më e rëndësishmja nga të gjitha, doja një partner të cilit do të kisha mundësinë t'i rrëfehesha me gjithë autenticitetin tim, pa frikë nga refuzimi ose gjykimi.

Për mua, pasuria kurrë nuk ka pasur ndonjë rëndësi
të madhe. Nuk jam materialiste. Ishte një kohë kur
besoja se i kisha të gjitha që më nevojiteshin. Por,
gjithsesi nuk preferoja një partner me borxhe të
rënduara. Pavarësisht gjendjes materiale, aspiroja një
partner me vendosmëri dhe ambicie për t'u rritur dhe
zhvilluar. Doja dikë me të cilin mund të shprehja
anën time romantike dhe që do të shijonte momentet
romantike me mua. Për mua, siguria dhe rehatia
ishin më të rëndësishme se gjithçka. Mungesa e
hapësirave dhe besimit ishin gjëra që më pengonin
shumë.

Kur flas për sigurinë, këtu përfshij edhe besimin dhe
dëshirën që dikush shpërfaqë për t'u rritur bashkë me
mua. Idetë dhe pritshmëritë e mia për partnerin e
ardhshëm ishin të qarta sepse e kisha të qartë se çfarë
meritoja dhe çfarë isha e gatshme të jepja për një
dashuri të vërtetë.

Këtu dëshiroj të ndaj diçka me ty. Ulu dhe jepi vetes pak kohë për të menduar se çfarë pret nga partneri yt i ardhshëm. Cilat janë cilësitë që për ty janë të paçmueshme? Shkruaji dëshirat dhe përfytyrimet e tua,. Pastaj, shkruaji edhe ato që nuk do t'i pranoje kurrë. Mos harro se pritshmëritë që ke për partnerin tënd duhet të jenë në harmoni me atë që je e gatshme për të dhënë nga vetja. Mos prit nga partneri atë që nuk je në gjendje t'ia ofrosh në këmbim sepse një marrëdhënie e shëndetshme bazohet në reciprocitet dhe ekuilibër.

Me rastin e formësimit të kërkesave tënde shprehe motivimin për të marr atë që meriton dhe që të bën të lumtur. Qëndroji besnike nevojave tua dhe ji e gatshme të investosh në dashuri dhe për dashurinë.

Bëhu e vetëdijshme se marrëdhënien që dëshiron, do të fitosh vetëm nëse je në gjendje të ofrosh po atë dashuri, mbështetje dhe mirëkuptim që pret nga partneri.

Besoji vendimeve tua dhe mos lejo që dyshimet dhe pasiguria të të ndalojnë nga marrja e asaj që meriton. Beso se Universi do të të dhurojë më të mirë vetëm atëherë kur do të kesh vlerësim për veten dhe kur ke respekt për nevojat dhe kufijtë e tu. Ti e meriton të të duan, kështu siç je! Prandaj, vazhdo rrugën tënd me besim dhe vendosmëri dhe merr atë që ta do zemra. Ti e meriton më të mirën për veten tënde!

Kur ai m'u shfaq papritur, nga asgjëkundi, ndjeva se paraqitja e tij e sigurt më preku thellë. Më bëhej sikur shikimi i tij depërtonte direkt në shpirtin tim, e megjithëse përpiqesha ta fshihja nervozizmin, pranë tij ndihesha plotësisht e ekspozuar. E dija se do të më sfidonte me pyetje të drejtpërdrejta, prandaj ndihesha e obliguar t'i përgjigjesha sinqerisht. Pavarësisht pasigurisë së brendshme, u përpoqa të shfaqesha e sigurt dhe t'i përgjigjesha pyetjeve të tij me sinqeritetin më të madh.

Në momentin kur u nda dhe ma kërkoi numrin e telefonit, ndjeva se mendimet rreth tij nuk më shiteshin për asnjë moment. Premtimi i tij i butë por i vendosur se do të më kontaktonte ma bëri zemrën të më rrihte shpejt dhe pritshmëritë m'u rritën. Më vonë, kur u ula në shtrat, kontrollova telefonin dhe nuk gjeta asnjë mesazh nga ai më bëri të zhgënjehesha shumë. Por, pikërisht atëherë, mesazhi erdhi. Mezi po arrija t'i kontrolloja emocionet. Emoji me dorë që përshëndeste më bëri të qeshja, por njëkohësisht ma trazoi shpirtin. A kisha vërtet kaq shumë ndjenja për të, siç pandeha në fillim? A ndjeja një lidhje të fortë?

Mëngjesin tjetër u zgjova me një ndjenjë të shprehur pasigurie. Mesazhi që kisha marr në telefon ishte si një thesar të cilin e hapja me kujdes dhe e lexoja e ri-lexoja pa pushim. Doja të kapja dhe kuptoja secilën fjalë. Sado që mund të dyshoja në një lexim të drejtë, fjalët e tij ishin të qarta dhe të vendosura. Mirësia e shprehur ma bënte zemrën të rrihte më shpejt.

Ndjeja se ai e dinte çfarë donte. Vendosmëria dhe respekti i tij dhe më tërhiqnin. Qëllimi i tij i qartë për të më njohur zgjonte në mua një përzierje emocionesh. Kjo mundësi ishte si një dhuratë që nuk duhej ta lija pa e shfrytëzuar. Me gishta që më dridheshin dhe një zemër të trazuar, iu përgjigja: "A do të doje ta njihnim njëri-tjetrin më mirë?"

Kështu nisi historia jonë. Dukej se fati na kishte bashkuar dhe isha shumë kureshtare për ta zbuluar se ku do të na shpinte kjo rrugë. Secili mesazh, secila fjalë dhe secili gjest i tij ma bënte zemrën të rrihte fort, ma jepte ndjesinë e fillimit të një diçkaje të veçantë.

E gjithë kjo nisi bukur dhe që në fillim isha e bindur se ai ishte i duhuri. Megjithatë, pavarësisht kësaj bindje personale, pengesat që duhej të kalonim ishin të shumta. Më pas, gjithçka e mundur mori tatëpjetën. Keqkuptimet grumbulloheshin dhe të bëhej sikur mes nesh qëndronte një det i tërë keqkuptimesh që nuk ishin sheshuar. Pavarësisht këtyre, shpresoja që ai do të ofronte mundësinë për ta shfaqur veten në dritën time të vërtetë.

Ia shpjegova atij se isha në procesin e reformimit dhe zbulimit të vetes. I kërkova të më jepte kohë për të më besuar, që të mund të dëshmoja se kush isha vërtet. Trishtimi për faktin se marrëdhënia jonë ishte e mbushur me probleme peshoi rëndë mbi mua. Megjithatë, unë mbaja fort shpresën se do të mund të kalonim këto kohë të vështira së bashku dhe të dilnim më të fortë nga kjo situatë. Ishte një kohë e trazirave emocionale, por edhe e njohjes dhe fillimit të një faze të re të marrëdhënies, e cila shpresoja se do të ishte e mbushur me mirëkuptim, besim dhe dashuri.

Ishte një kohë plot konflikte të brendshme dhe plagësh nga e kaluara që më kapnin dhe më bënin të sillem ndryshe nga ajo që isha në të vërtetë.

Frikërat, pasiguritë dhe vështirësitë në kontrollimin e ndjenjave më pengonin të shfaqesha në dritën e duhur. Mungesa e durimit, që gjithmonë ka qenë një pjesë e personalitetit tim, më shtynte të nxitohesha për gjithçka. Kur ndjenjat e mia më thoshin se diçka ishte e drejtë, e dija se ashtu ishte. Por, në rastin e tij, më eklipsonte mungesa e durimit, duke bërë që plagët e mia të vjetra të ma pamundësonin kontrollin. Unë i besoja shumë atij dhe nga frika se mos gjykohesha gabim, kishte informacione të cilat nuk i ndaja me të.

Me raste, ndihesha e turpëruar me të kaluarën time dhe rezervohesha të rrëfehesha me të vërtetën time të plotë. Vazhdoja ta shfaqja veten si një grua e fortë, e pavarur, e cila është e aftë të menaxhojë gjithçka me forcat e mia, duke fshehur kështu anën time të ndjeshme, feminitetin tim. Para tij përpiqesha të shfaqja vetëm imazhin tim të përsosur dhe të përmbushja pritshmëritë e tij. Brenda meje vlonin kontradiktat.

Frika se kos e humbisja më shtynte të nisja një zbulim të vetes nga e para. E dija atëherë dhe jam e bindur edhe sot se ai ishte i duhuri për mua, prandaj e ndieja dëshirën që atij t'ia shpalosja veten time të vërtetë – pa fasada dhe pa frikëra. Ishte një proces i relaksimit, i hapjes dhe i pranimit të ndjeshmërisë sime. E kuptova se ishte në rregull të tregoja dobësi dhe se forca e vërtetë qëndronte në atë që të tregohesh person i ndjeshëm dhe të zbuloje vetveten tënde të vërtetë.

Pastaj m'u forcua besimi se isha e talentuar në analizim. Nëse është kështu, pse kurrë nuk e kam analizuar veten time? Kjo pyetje ishte e lehtë për t'u përgjigjur. Të analizosh dhe të ndihmosh dikë tjetër është e thjeshtë. Por, të analizosh veten është një sfidë, sepse nuk mund të gënjesh ose të shmangesh nga vetja.

Me të tjerët mund të mbetesh neutral, por e dija se një vetë-analizë do të ishte e lidhur me shumë dhimbje. Nuk mund të fshehësh të vërtetën nga vetja, pavarësisht sa mund të përpiqesh. Asgjë nuk të justifikon kur e di se po e gënjen veten.

Është një proces i njohjes së vetes që dallon nga talenti për të njohur të tjerët.

Ky proces ishte i dhimbshëm. Më duhej të përballesha me dobësitë, me frikërat dhe me pasiguritë e mia, të cilat i kisha mbajtur të fshehura për shumë kohë. Përballja me të vërtetën dhe autenticitetin tim ishte një udhëtim në të panjohurën – një udhëtim që kërkonte kurajë. E kuptova se forca e vërtetë e një personi është që të marr guximin të analizosh veten, të pranosh dobësitë dhe të punosh me veten për t'i mënjanuar ato.

Ishte një pikë kthese në zhvillimin tim personal, e cila më tregoi se njohuritë dhe ndryshimet më të mëdha në jetë vijnë nga përballja e sinqertë me veten. Të kuptuarit se nuk mund të gënjesh veten ishte fillimi i një procesi të dashurisë për veten, pranimit të vetes dhe zhvillimit personal. Ishte një hap në rrugën drejt një lidhje më të thellë me veten time dhe një jetë autentike, që bazohej në të vërtetë dhe reflektim mbi veten.

Hapi më i vështirë i shërimit personal filloi kur përfundimisht u përballa me të kaluarën time. Deri atëherë, kisha shmangur të shihja të kaluarën time, duke besuar se ajo i takonte historisë dhe nuk mund të ndryshohej më. Po, nuk mund ta ndryshosh të kaluarën, por duhet të mësosh ta pranosh atë. U përballa me çdo dhimbje që kisha përjetuar në vazhdimësi, derisa e kuptova se cilat ishin plagët që më ishin krijuar nga to.

Fillova t'ia falja vetes që kisha lejuar të trajtohesha ashtu si isha trajtuar. Më erdhi në mendje se isha vetë shkaku pse kisha arritur në këtë pikë të gjendjes time. Ndërsa mund të përjashtoja të tjerët nga jeta ime, ishte e pamundur ta përjashtoja veten. Në vend se të përjashtoja veten, vendosa të përjashtoja aspektet negative të vetes sime. E kisha penguar veten të ndihesha e lumtur, sepse besoja se nuk e meritoja. Ia lejoja shpërthimet të mia emocionale të merrnin kontroll mbi mua.

Duke i pasur parasysh të gjitha këto, fillova të isha e sinqertë me veten pa asnjë rezervë, pavarësisht sa e dhimbshme mund të ishte kjo. Në secilën sjellje timen bëja një shqyrtim të kujdesshëm dhe përpiqesha të analizoja pasojat e secilës prej tyre.

Ishte e dhimbshme të përballesha me frikërat, plagët dhe bllokadat e mia. Mësova se shërimi i vërtetë mund të ndodhte vetëm përmes pranimit dhe përpunimit të së kaluarës time. Ishte një rrugë zhvillimit dhe e rritjes, përgjatë së cilës përballesha me demonët e mi të brendshëm. Kështu fillova rrugëtimin drejt shërimit - fillova të analizoj gjithçka që më ngarkonte, çfarë më frikësonte, çfarë shkaktonte ndjenja turpi në mua?

Kur u përballa me emrin tim, Liridona, më erdhi në mendje se ishte një emër i bukur me një kuptim të thellë. Por, pse nuk e pëlqeja kur më thërrisnin me emrin tim të plotë? Për të qenë e sinqertë, një arsye për këtë ishin prindërit e mi.

Kur ata thërrisnin emrin tim të plotë, e dija se diçka nuk ishte në rregull dhe do të kishte probleme. Edhe në shkollë, emri im shpesh shqiptohej gabim ose keqkuptohej dhe përballesha me nofka si Lilidona, Litidona, Loredana, Miridona dhe të tjera.

Përmes emrit tim shqiptar, bëhej evidente origjina ime kosovare, gjë që shpesh çonte në paragjykime dhe supozime të gabuara.

Emri im më bëri të ndihesha si një person që duhej paragjykuar e gjykuar. Përvojat që kam pasur lidhur me emrin tim kanë lënë gjurmë të thella emocionale. Paragjykimet e vazhdueshme dhe ndjenja e të qenit e vendosur në një kategori të caktuar, ku emrin tim e perceptoja jo vetëm si një shenjë identiteti, por edhe si një burim dhimbjesh dhe pasigurie.

E kuptova se emri im ishte unik dhe i çmuar dhe se mendimet dhe gjykimet e të tjerëve nuk mund të definonin identitetin tim të vërtetë.

Edhe në shkollë, një mësuese më etiketoi si të marrë, vetëm sepse vija nga Kosova. Kjo përvojë më plagosi thellë dhe fillova të dyshoja në veten time. Për këto dhe shumë arsye të tjera, vendosa të paraqitem vetëm si Liri. Fjalët e saj ndikuan në vlerësimin tim për veten, por pastaj u përballa me një mësuese tjetër, e cila ma ringjalli besimin dhe shpresën. Ajo besonte tek unë, më mbështeti në mësimin e gjermanishtes dhe më motivonte vazhdimisht.

Këto përvoja pozitive nxitën një zinxhir të ngjarjesh dhe përjetimesh të mira me mësues dhe mësuese që ndikuan pozitivisht në jetën time. Dua të falënderoj me gjithë zemër të gjithë këta njerëz të dashur që më ndihmuan dhe më mbështetën në rrugën time.

Ajo që dua të të them është se, edhe nëse një person të bën padrejtësi ose të keqkupton, ka shumë njerëz të tjerë që duan vetëm më të mirën për ty dhe të mbështesin. Pavarësisht përvojave negative, kam mësuar se është e rëndësishme të mos dekurajohem nga këto ndikime negative dhe, përkundrazi, të përqendrohem në takimet dhe përvojat pozitive.

Mbështetja dhe dashuria që kam marrë nga mësueset dhe mësuesit ma kanë forcuar besimin tim ndaj vetes dhe në ndjekjen e rrugës sime. Mësova se origjina ime dhe emri im nuk më definojnë, por janë vetëm një pjesë e imja. Ishte një rrugë mirënjohjeje, në të cilën e kuptova se kam kontroll mbi jetën time dhe se mund të vendosja vetë se kush dëshiroj të bëhem.

Këtu dua të ta shpjegoj kuptimin e emrit tim. Emri im është Liridona - një emër i bukur dhe kuptimplotë. Ky emër simbolizon dëshirën për liri dhe forcën e vullnetit. Ka të bëjë me dëshirën, vullnetin dhe këmbënguljen e dikujt për të qenë i/e lirë. Liridona përfaqëson pavarësinë dhe vetëvendosjen, një premtim dhe një thirrje për liri. Emri im më karakterizon si një person që guxon të ndjekë rrugën e vet, e motivuar nga një dashuri e palëkundur për lirinë. Liridona do të thotë vullnet për liri - mendoni për fuqinë që ka ky emër. Ai është krijuar në kohë lufte dhe brenda vetes ngërthen dhimbjen, dashurinë, shpresën dhe forcën e vullnetit.

Për të hequr dorë nga asociacionet negative me emrin tim, fillova të kërkoja për asociacionet pozitive që ndërlidheshin me të. Sot jam krenare për emrin tim dhe pretendoj se emri Liridona është perfekt për mua, të paktën për ata që më njohin.

Tani, ta rekomandoj edhe ty që më thellësisht ta
eksplorosh emrin tënd. Pse të është dhënë pikërisht
ky emër? Kush e zgjodhi atë dhe për çfarë arsye?
Shiko emrin tënd si një pjesë të identitetit tënd, i cili
mbase flet për ty shumë më shumë nga sa mund ta
kishe menduar ndonjëherë.

Hulumtimi i emrit, domethënies, rrethanave,
kontekstin e pagëzimit është një udhëtim mbresëlënës
në rrugën drejt njohjes së vetes. Mbase do ta zbulosh
se emri yt ka një kuptim më të mirë të vetes. Mbase
do të zbulosh se emri yt ka një kuptim të veçantë ose
një simbolizëm të fshehur që mund të të çojë në një
nivel të ri të vetëdijes. Duke u marrë me origjinën dhe
kuptimin e emrit tënd, mund të krijosh një lidhje më
të thellë me personalitetin tënd dhe ndoshta të fitosh
njohuri të reja për veten.

Në rrugëtimin drejt ri-gjetjes së vetes dhe shërimit
kam përjetuar ulje dhe ngritje që më kanë formësuar
si njeri dhe kam mësuar shumëçka për atë çfarë jam
në të vërtetë.

Takimi me të (partnerin), i cili ndante vlerat e mia më
të thella, ishte një pikë kthese në jetë. Më bëhej sikur
na kishte bashkuar Universi. Ndjeva një lidhje të
thellë që më dha shpresë dhe dritë.

Gjatë këtij procesi të njohjes së vetes e kisha kuptuar
qartësisht se cilat duhet të ishin tiparet e partnerit
tim të ardhshëm - dikush që jo vetëm që vinte nga
Kosova, por gjithashtu kishte cilësitë që ishin
thelbësore për mua.

Këto kërkesa nuk ishin vetëm një listë pritjesh, por
një pasqyrë e asaj që isha e gatshme të jepja. E
kuptova se një marrëdhënie e shëndetshme bazohet
në reciprocitet dhe se do të merrja vetëm atë dashuri
dhe mbështetje që dëshiroja, nëse isha e gatshme të
jepja të njëjtën.

Përmes sfidave në marrëdhënien time, mësova të reflektoja mbi veten dhe të përballesha me konfliktet e mia të brendshme. U përballa me të kaluarën time dhe ngarkesën emocionale që ajo sillte me vete. Konfrontimi me frikërat dhe dobësitë e mia ishte i dhimbshëm, por i nevojshëm.

Fillova të falja dhe të lija të shkuarën time negative prapa krahëve. Ishte një proces që më ndihmoi të pranoja vulnerabilitetin tim dhe të kuptoja se forca e vërtetë qëndron në të shfaqurit e vetes ashtu siç je. Një pjesë qendrore e identitetit tim është edhe emri im - Liridona.

Për kuptimi i emrit tim, që përfaqëson lirinë dhe forcën e vullnetit, fillova të vetëdijesohesha vetëm kur fillova të merrem me origjinën dhe përvojat e mia.

Mësova se identiteti im nuk përcaktohet nga paragjykimet ose përvojat negative, por nga forca dhe guximi për të ndjekur rrugën time.

Sot jam krenare për këtë që jam – një grua që ka mësuar nga e kaluara e saj dhe që e do veten. Kam kontroll mbi jetën time dhe mund të vendos se kush dëshiroj të jem. Emri im, Liridona, nuk është vetëm një pjesë e identitetit tim, por gjithashtu një simbol i pavarësisë dhe vullnetit tim për liri. Thellë brenda meje dija se partneri im është ai për të cilin kam pritur gjithë jetën time. Dhimbja që vinte me reflektimet mbi veten dhe të kaluarën time ishin përvoja të vështira. Për të isha e gatshme të jepja gjithçka. Edhe sot ka momente që më sfidojnë, por tani e di se si të përballem me to. Kam mësuar të lejoj ndjenjat e mia dhe t'i shfaq ato pa ndrojtje.

Kam mësuar se është në rregull të jem vulnerabël, sepse aty qëndron forca e vërtetë. E pranoj veten time me të gjitha mangësitë e mia dhe jam krenare për personalitetin që kam ndërtuar. Përmes këtyre përvojave kam mësuar se dashuria për veten dhe pranimi i vetes janë çelësi për një jetë të plotë. Çdo ditë është një mundësi për të vazhduar të rritem dhe të mësoj, dhe jam e gatshme t'i përballoj sfidat e jetës me guxim dhe vetëbesim.

Një udhëtim në botën e mjekësisë

Këtu do të filloj me përvojat e mia të para me mjekët. Më kujtohet një ngjarje që ndodhi kur isha vetëm katër vjeç dhe kisha thyer krahun. Në kujtesën time të gjallë mbetet si e kërkova me ngulm babanë tim që të shmangnim vizitën te mjeku, pasi isha e bindur se do të merrja një injeksion. Pavarësisht qetësimit të tij se kjo nuk do të ndodhte, fati vendosi ndryshe dhe unë mora një injeksion, i cili më frikësoi shumë asokohe.

Edhe herën tjetër që vizitova një mjek ishte për shkak të krahut të thyer. Pas kësaj ngjarjeje, nuk kisha më vizita te mjeku derisa papritmas nuk u preka nga një pneumoni e rëndë. Fillimisht e mendova vetëm si një ftohje, por kur në fund takova mjekun, m'u desh të merrja antibiotikë. Mjeku shprehu shqetësimin e tij dhe më këshilloi me ngulm që herën tjetër të mos prisja kaq gjatë, pasi kjo mund të kishte pasoja serioze.

Gjatë stërvitjeve të notit, pata vënë re se thonjtë e mi shpesh mavijoseshin, ndonëse nuk kisha të ftohtë. Këto vëzhgime, në dukje të parrezikshme, më zgjuan dyshimin se diçka nuk ishte në rregull.

Pa hezitim, vendosa të vizitoja mjekun tim me kohë për të zbuluar shkakun. Ishte koha për të fituar siguri dhe për të përjashtuar probleme të mundshme shëndetësore. Gjatë vizitës te mjeku, ma testuan gjakun për të parë nëse kisha mungesa të mundshme, me theks të veçantë hekurin dhe vitaminën B12. Pritja e rezultateve më shkaktoi shqetësime dhe pasiguri.

Dyshimet e mia u vërtetuan me daljen e rezultateve. Niveli i hekurit në gjakun tim ishte jashtëzakonisht i ulët. Në fakt gjendja ishte alarmante. Kufijtë normalë për gratë janë midis 60–140 µg/dl, kurse për burrat midis 80–150 µg/dl. Ndërsa niveli im ishte vetëm 12 µg/dl. Dukshëm nën nivelin e pranuar.

Një mungesë kaq e madhe në mua shkaktoi një tronditje të madhe. Fillimisht mora tableta për trajtimin e mungesës së hekurit, por për shkak të madhësisë së tyre dhe efekteve anësore të pakëndshme, veçanërisht kapsllëkut, kjo terapi u bë sfiduese. Prandaj, vendosa për një infuzion hekuri, për ta rritur shpejt dhe efektivisht nivelin e hekurit dhe për t'u shëruar sa më shpejt të ishte e mundur.

Kur mjeku më informoi për infuzionin e ardhshëm të hekurit, ndihesha nën ndikimin e një përzierjeje shprese dhe pasigurie. Prova e parë kaloi pa probleme, kështu që vendosëm një takim për infuzionin. Gjatë trajtimit të parë gjithçka shkoi mirë, dhe pas një testi të ri të gjakut doli se niveli im i hekurit më në fund ishte në rregull. Një vit më vonë, simptomat e njëjta u shfaqën përsëri, dhe sërish niveli im i hekurit ishte shumë i ulët. Planifikuam një infuzion tjetër.

Isha në dhomën e pacientëve dhe isha shtrirë duke pritur infuzionin. Fillimisht ndihesha e lehtësuar, por papritur ndjeva si m'u ngurtësua dora dhe më kaploi një ndjenjë e pakëndshme paniku.

Vëllai im i vogël, i cili ishte i pranishëm, e vuri re menjëherë se diçka nuk po shkonte siç duhej. Ai më pyeti me shqetësim nëse gjithçka ishte në rregull dhe mua m'u desh ta pranoja se nuk mund të lëvizja dorën, gjë që herën e fundit nuk kishte ndodhur.

Vëllai im reagoi menjëherë dhe doli nga dhoma për të marrë mjekun. Ndërsa isha aty duke pritur, ndihesha e shqetësuar dhe e pafuqishme. Minutat më bëheshin sa një orë, derisa përfundimisht mjeku mbërriti. Doli se infuzioni nuk ishte vendosur siç duhej dhe nuk po shpërndahej në vena, por në indet përreth. Ky incident ishte frikësues dhe më bëri ta kuptoja rëndësinë e vëzhgimit të trupit tim. Falë reagimit të shpejtë të vëllait tim, situata përfundoi fatmirësisht pa komplikime të mëdha.

Pasi infuzioni i hekurit nuk shkoi siç duhej, zhvillova një frikë të thellë ndaj infuzioneve tjera. Ishte një përvojë e rëndë dhe nuk ndihesha aspak mirë. Gjatë konsultimit të ardhshëm isha nervoze, sepse shpresoja se mjeku im mund të më ndihmonte t'i gjeja arsyet për problemet e mia të vazhdueshme.

Mjeku filloi të kërkonte për shkaqe të tjera të mundshme se përse niveli i hekurit nuk më stabilizohej. Në fund, ai shprehu dyshimin se menstruacionet e mia mund të luanin një rol në këtë. Ai më shpjegoi se gjakderdhjet e forta mund të kenë një ndikim të konsiderueshëm në nivelin e hekurit dhe më rekomandoi të caktoja një takim te mjeku gjinekolog.

Ideja që menstruacionet mund të ishin shkaku i vështirësive të mia ishte diçka e re për mua. Kuptohet, fakti që kishte një arsye të njohur më bënte të ndihesha e lehtësuar sepse kisha një shpresë reale për të trajtuar problemin tim. Mjeku më tha se kishte mundësi për të rregulluar intensitetin e menstruacioneve dhe isha e gatshme ta ndiqja këtë rrugë. Pavarësisht frikës, isha e vendosur të ndërmerrja hapat e ardhshëm për të arritur një gjendje më të mirë shëndetësore.

Kur shkova te mjeku gjinekolog për të kërkuar pilulën e duhur të kontracepsionit, isha plot shpresë për shërim. Por, pritshmëritë e mia u zhgënjyen shpejt. Mjekja nuk dukej se ishte vërtet e interesuar për shqetësimet dhe mirëqenien time. Ia shpjegova situatën time dhe çfarë më kishte rekomanduar mjeku im, por thjesht më dha Desoren 30 pa asnjë shpjegim të mëtejshëm ose konsideratë për shqetësimet e mia.

Ajo më tha se duhet ta provoja këtë pilulë për tre muaj. Vetëm pas kësaj periudhe mund të flisnim për efektet e mundshme anësore. Kjo qasje sipërfaqësore më zhgënjeu shumë. Kisha shpresuar të gjeja një zgjidhje të përshtatshme së bashku me mjeken dhe të ndihesha e këshilluar mirë. Në vend të kësaj, ndihesha e braktisur dhe e injoruar seriozisht.

Nuk ishte ajo që prisja dhe isha e zhgënjyer nga mungesa e empatisë dhe kujdesit që më ishte treguar. Si paciente, do të kisha dëshiruar më shumë mirëkuptim dhe mbështetje për të marrë vendimin e duhur për shëndetin tim. Por, problemet dhe zhgënjimet nuk kishin të sosur.

Gjatë procesit të trajtimit, papritur u shfaq dyshimi se ndoshta mund të kisha kancer të qafës së mitrës. Kur ma thanë këtë, më kaploi një valë frike. Isha vetëm 24 vjeçe dhe nuk mund të besoja që po përballesha me një sëmundje kaq serioze. Mendimi se diçka kaq kërcënuese nuk ishte në rregull me trupin tim nuk më linte të qetë.

Më transferuan në spitalin kantonal për të marrë mostra më të sakta për ekzaminim. Koha deri në këtë takim për kontroll ishte shumë e mundimshme. Nuk mundja të flija e qetë. Në kokë vazhdimisht më vërtiteshin mendimet rreth mundësisë së një diagnoze serioze.

Pasiguria më konsumonte dhe ndihesha e mbingarkuar nga pesha e situatës. Kur erdhi dita e ekzaminimit, isha nervoze dhe e tensionuar. Ekzaminimi vetë ishte shumë i pakëndshëm dhe i dhimbshëm. Më kujtohet se përpiqesha të relaksohesha, por ishte e vështirë të hiqja dorë nga tensioni. Pas procedurës, ndihesha e lodhur dhe emocionalisht e shteruar.

Disa orë më vonë mora një telefonatë nga spitali. Kur pashë numrin, mbajta frymën. Kur zëri nga ana tjetër më njoftoi lajmin e këndshëm se nuk kisha asgjë dhe gjithçka ishte në rregull, një gur i madh ra nga zemra ime. Lehtësimi ishte dominues dhe nuk mund të besoja.

Por, ky nuk ishte fundi i zhgënjimeve. Një vit më vonë, shkova përsëri në klinikë për të caktuar një takim për kontrollin e vitit. Shpresoja se gjërat ishin përmirësuar dhe do të kisha një përvojë më të mirë. Por, pastaj mora një telefonatë nga mjekja, e cila më nxori plotësisht nga binarët. Ajo foli me një ton agresiv dhe më kujtoi se duhet të bëja një ekzaminim në spitalin kantonal për shkak të dyshimit për kancer të qafës së mitrës. Më pyeti nëse nuk i merrja seriozisht udhëzimet.

Në atë moment më shpërtheu nervi. Nuk mund ta besoja se si po fliste me mua. Në mua po vlonte zemërimi dhe frustrimi për trajtimin e përsëritur. I thashë mjekes mendimin tim dhe e pyeta drejtpërdrejt nëse ajo e merrte punën e saj seriozisht. Sepse nëse kjo do të ishte e vërtetë, atëherë ajo duhet të dinte se nga ekzaminimi në spital kishte dalë që unë isha e shëndetshme dhe se diagnoza e mëparshme ishte një gabim diagnostikimi.

Ky ishte një moment kur shfaqa guximin tim për t'u përballur me mungesën e seriozitetit të shprehur nga mjekja. Doja që ajo të kuptonte se unë nuk isha thjesht një paciente tjetër në punën e saj, por dikush që duhej të merrej seriozisht.

Biseda ishte e tensionuar dhe e dija se vizita të tilla nuk ishin të përshtatshme për mua. Për t'i rënë më shkurt, vendosa që të gjeja një klinikë të duhur për të marrë shërbime cilësore të gjinekologjisë, për të gjetur një profesionist me emër dhe më reputacion të shkëlqyer. Isha këmbëngulëse që të rezervoj me çdo kusht një termin te ky profesionist, pavarësisht se sa gjatë do të më duhej të qëndroja në listën e pritjes. Për fatin tim të mirë, sapo kishin filluar të pranonin pacientë të ri, një lajm që më solli një buzëqeshje në fytyrë.

Kur nisa trajtimin, ndihesha sikur të isha në një botë tjetër. Atmosfera ishte miqësore dhe qetësuese. Nuk u pritëm vetëm me dashamirësi, por u trajtova si një princeshë, madje do të thosha si një mbretëreshë. Atmosfera ishte kaq e ngrohtë sa menjëherë harrova tensionin dhe nervozizmin që kisha sjellë me vete. Gjate ekzaminimeve më vishnin një mantel banje. Ky gjest i vogël më ndihmonte të relaksohesha dhe të ndihesha më mirë. E ndjeja se këtu kujdeseshin që secili pacient të ndihej i vlerësuar dhe e respektuar.

Kur më në fund mjekja erdhi te unë, ajo ishte
jashtëzakonisht miqësore dhe e ndjeshme. Buzëqeshja
e saj rrezatonte ngrohtësi dhe menjëherë e kuptova se
isha në duar të mira. Ajo ma mundësoi gjithë kohën e
botës për të më dëgjuar, pyeste për përvojat e mia të
mëparshme dhe u interesua për gjendjen aktuale. Në
atë moment ndihesha e marrë seriozisht dhe vërtet
mirë. Kisha ndjesinë që ata ishin sinqerisht të
interesuar për shëndetin dhe mirëqenien time dhe kjo
ishte një ndjenjë që nuk e kisha përjetuar për një kohë
të gjatë.

Mjekja më dëgjoi me kujdes, shikimi i saj ishte i
ndjeshëm dhe kuptimplotë. Pastaj më bëri një pyetje
që nuk e prisja: "A tymos cigare?" Fillimisht isha e
habitur. Deri në atë moment, askush nuk kishte
treguar vërtet interes dhe më erdhi në mendje se
përse kjo doli të ishte e rëndësishme vetëm tani. Iu
përgjigja sinqerisht me "Po" dhe doja të dija përse e
bëri këtë pyetje.

Përgjigjja e saj m'i hapi sytë. Ajo ma shpjegoi se mini-
pilula përgjithësisht ishte më e përshtatshme për
gratë që tymosin duhan, pasi rreziku i trombozave
rritet nëse merr pilulën e kombinuar.

Këto informacione ishin të reja për mua dhe ndihesha mirënjohëse që ajo i ndau me mua këto detaje të rëndësishme. Ishte një moment kur e ndjeva se vërtet po kujdeseshin profesionalizëm. Ajo donte të sigurohej që unë të merrja trajtimin më të mirë të mundshëm dhe për mua ishte relaksuese ta dija se ajo e merrte seriozisht shëndetin tim. Gjatë bisedës me të ndihesha jo vetëm si paciente, por si dikush, shqetësimet dhe pyetjet e të cilës dëgjoheshin me vëmendje. Ishte një përvojë e çmuar që më dha ndjenjën se në këtë klinikë nuk isha thjesht një numër, por një qenie e rëndësishme. U largova nga konsulta me një ndjenjë lehtësimi, duke ditur se isha në duar të mira dhe me dijeninë se mund të merrja hapat e duhur drejt shëndetit tim.

Gjatë këtij trajtimi ndihesha vërtet mirë që nga fillimi. Atmosfera ishte mikpritëse dhe mjekët shpërndanin mirësi dhe mirëkuptim. Kisha ndjenjën se isha në vendin e duhur dhe se shqetësimet e mia shëndetësore po merreshin seriozisht. Megjithatë, pavarësisht këtyre përvojave pozitive, kishte një pikë që kurrë nuk u përmend - lidhja midis pilulës së kontracepsionit (mini-pilulës) dhe depresionit.

Më vjen keq që në trajtimet e mëhershme që kam pasur, kjo temë nuk u përmend asnjëherë.

Askush nuk ma kishte tërhequr vëmendjen për pasojat e mundshme psikologjike që hormonet në trupin tim mund të shkaktonin.

Ky aspekt thjesht u injorua, megjithëse është shumë i rëndësishëm për shumë gra. E kam të vështirë ta pranoj pse ky aspekt nuk u përmend. Nëse do ta dija se pilula nuk do të stabilizonte jo vetëm nivelin e hekurit, por edhe do të ndikonte në humorin dhe mirëqenien time emocionale, mbase do të kisha marrë një vendim tjetër.

Më kujtohet se si ndihesha pas marrjes së pilulës: herë pas here e kapur në kthetrat e trishtimit, pa kuptuar se nga vinin këto ndjenja. Isha e zhgënjyer, konfuze dhe e vetmuar deri në dëshpërim. Kisha ndjesinë sikur po luftoja një armik të padukshëm ndërkohë që më duhej të jetoja jetën time sipas mënyrës sime. Ishte e dhimbshme ta kuptoje se të gjithë po përpiqeshin të m'i ruanin nivelet normale të pranisë së hekurit në gjak, ndërkohë që askush nuk ma kishte përmendur çmimin që më duhej të paguaja për këtë.

Në një kohë kur ndërgjegjësimi për shëndetin mendor dhe mirëqenien po bëhet gjithnjë e më i rëndësishëm, do të kisha dëshiruar që ky aspekt të trajtohej në bisedat e mia me mjeket. Është e rëndësishme që gratë të informohen plotësisht në lidhje me vendimmarrjen e tyre për metodat e kontracepsionit, jo vetëm për efektet fizike, por edhe për ato psikologjike. Sepse, në fund të fundit, bëhet fjalë për më shumë se thjesht vlera mjekësore; bëhet fjalë për mirëqenien e përgjithshme.

Mjekët me të cilët kam pasur të bëj dukej se ishin më të interesuar për një zgjidhje të shpejtë sesa për mirëqenien time të vërtetë. Ndërsa ndihesha gjithnjë e më keq, kuptova se interesi i tyre nuk ishte vërtet për mua, por më shumë për dëshirën për të gjetur një zgjidhje të thjeshtë. Nuk mund të mos ndihesha e irrituar që asnjë mjek nuk mori kurrë kohën për të më treguar se sa e rëndësishme është një dietë e shëndetshme për të mbajtur nivelin stabil të hekurit.

Do të kishte qenë kaq e thjeshtë të më jepnin këshilla që shkonin përtej marrjes së një pilule. Në vend të kësaj, ndihesha si të isha shtyrë në një sistem që më ofronte një "kurë" të shpejtë, pa shqyrtuar rrënjët e problemeve të mia.

Për më tepër, askush nuk ka pyetur ndonjëherë për grupin tim të gjakut dhe nëse ai mund të kishte ndikim në aneminë time. Është zhgënjyese që këto aspekte nuk u përmenden, sepse e di se ato mund të jenë vendimtare për mirëqenien time. Në vend të kësaj, thjesht m'u tha se pilula do të më lehtësonte jetën. Një zgjidhje e thjeshtë, që megjithatë lë shumë pyetje komplekse pa përgjigje.

Shpesh ndihesha si një numër, e jo si një njeri me nevojat dhe shqetësimet e mia. Këto përvoja më kanë mësuar se nuk është vetëm çështja e zgjidhjes së një problemi, por gjithashtu për të parë individin në tërësinë dhe kompleksitetin e vet. Dëshiroj që në praktikën mjekësore t'i vihet më shumë theks qasjes individuale – qasje që marrin parasysh mirëqenien fizike dhe shpirtërore me të njëjtin seriozitet.

Si një person me grupin e gjakut AB negativ, kam si avantazhe ashtu edhe disavantazhe që ndikojnë në shëndetin dhe jetën time. Një nga përfitimet më të mëdha është se mund të funksionoj si një marrës universal. Kjo do të thotë se mund të pranoj gjak nga të gjitha grupet e tjera të gjakut. Në raste emergjente, kjo më jep një ndjenjë sigurie, sepse e di se shanset për të marrë shpejt gjakun e duhur në situata kritike janë ndjeshëm më të larta.

Kam dëgjuar gjithashtu se njerëzit me grupin tim të gjakut mund të kenë një rrezik më të ulët për sëmundje të caktuara, si sëmundjet e zemrës dhe disa lloje të kancerit. Ky aspekt më ka dhënë shpresë dhe tregon se faktorët gjenetikë që lidhen me grupin tim të gjakut mund të kenë gjithashtu disa tipare mbrojtëse.

Përtej këtyre përfitimeve, janë edhe disa disavantazhe që nuk mund t'i injoroj. Rëndësia e grupit tim të gjakut do të thotë se në raste emergjente mjekësore mund të jetë e vështirë të gjejmë donatorë të përshtatshëm. Grupi i gjakut AB negativ është një marrës universal, çka do të thotë se individët me këtë grup gjaku mund të pranojnë gjak nga të gjitha grupet e tjera, por ka disa arsye pse ai mund të jetë problematik në raste emergjente mjekësore. AB negativ është një nga grupet më të rralla të gjakut. Në shumë popullata, ai përbën vetëm një përqindje të vogël, gjë që mund të kufizojë ndjeshëm disponueshmërinë e gjakut të donatorëve. Në një emergjencë, ku është e nevojshme gjaku menjëherë, mund të jetë e vështirë të gjenden donatorë me këtë grup gjaku, madje pothuajse e pamundur.

Pavarësisht se AB negativ është një marrës universal, ne akoma nuk mund të reagojmë ndaj transfuzioneve të caktuara të gjakut, veçanërisht nëse gjaku i donatorit nuk është testuar siç duhet. Kjo mund të çojë në reagime imunologjike që janë potencialisht të rrezikshme. Në transfuzionet e gjakut gjithmonë ekziston rreziku që gjaku i pranuar të përmbajë antitrupa që reagojnë ndaj qelizave të veta. Kjo është veçanërisht kritike kur nuk ka mjaft donatorë në dispozicion dhe duhet të kthehemi nga donatorët alternativë.

Për shkak të rrallësisë së grupit të gjakut AB negativ, bankat e gjakut shpesh nuk mund të mbajnë rezerva të mjaftueshme. Në raste emergjente, kjo mund të rezultojë me vonesa në trajtim, pasi nuk është gjithmonë e mundur të ketë gjak të përshtatshëm në dispozicion. Këta faktorë janë tregues bindës se njerëzit me grupin e gjakut AB negativ mund të paraqesin një sfidë të veçantë në emergjenca mjekësore. Unë dhuroj rregullisht gjak sepse jam e vetëdijshme për rrallësinë e grupit tim të gjakut. Vetëm rreth 1% e popullsisë e ka atë. Edhe nëse gjaku im ndoshta kurrë nuk do të nevojitet drejtpërdrejt për veten time, e di se me këtë mund t'i ndihmoj të tjerët në raste emergjente.

Kjo më mbush me një ndjenjë përgjegjësie dhe shprese, duke ditur se mund të shpëtoj jetën e një njeriu tjetër. Për më tepër, është edhe një formë e vetëmbrojtjes, sepse duke dhuruar shpresoj që në rastin e nevojës të ketë kujdes edhe për mua. Dhurimi i gjakut është për mua një mundësi e rëndësishme për të kontribuar aktivisht në komunitet dhe për të treguar solidaritet.

Një tjetër disavantazh që kam vënë re është aftësia potencialisht më e ulët e grupit tim të gjakut për të absorbuar hekur. Kjo më siguron që unë të jem e prirur ndaj mungesës së hekurit. Njohuritë mbi rrallësinë e grupit tim të gjakut AB negativ nuk i kam marrë nga informacionet mjekësore. Përkundrazi, i kam mësuar duke bërë kërkime.

Në përgjithësi, grupi im i gjakut AB negativ ma ka formuar perspektivën mbi shëndetin dhe mirëqenien. Jam e vetëdijshme për përfitimet, por gjithashtu për sfidat që vijnë me të.

Po, jam bindur se pilula mund të ndihmojë për disa shqetësime, por në fund të fundit, ajo vetëm sa e shtypte problemin e vërtetë. Fatkeqësisht, nuk m'u shpjegua se mund të kishte pasur një shkak tjetër, më thelbësor, që duhej trajtuar. Në vend të kësaj, shpesh ndihesha si një pacient që furnizohej me ilaçe, pa u marrë parasysh nevojat e mia individuale.

Kisha përshtypjen se shumë mjekë nuk kanë mjaftueshëm kohë për t'i dhënë rëndësi shqetësimeve të pacientëve të tyre. Informacioni i detajuar dhe rishikimi i zgjidhjeve përtej ilaçeve shpesh mbeten në hije. Kjo më zhgënjente sepse doja të dija më shumë për shëndetin tim dhe të kuptoja se çfarë qëndronte vërtet pas shqetësimeve të mia. Do të doja shumë që mjekët të futeshin më thellë dhe të më shihnin si një njeri të tërë, në vend të trajtimit të thjeshtë të simptomave.

Në rrugën time drejt kultivimit të dashurisë ndaj vetes dhe të kuptuarit e vetes, fillova të merresha thellësisht me temën e pilulës së kontracepsionit. E dija që isha një qenie me plot energji dhe gëzim. Por, kur fillova të merrja pilulën, gradualisht vura re se gjendja ime psikologjike po përkeqësohej. Ky ndryshim erdhi ngadalë dhe fillimisht nuk e kuptova se sa shumë më ndikonte. Vendimi për të marrë mini-pilulën doli të ishte një gabim i madh. Gjendja ime u përkeqësua masivisht. Ndihesha gjithnjë e më e pavlerë dhe besoja se isha e paaftë dhe e marrë. Fjalët që më ishin thënë jepej në mendjen time dhe unë i merrja ato për zemër. Nuk humba vetëm vullnetin, por edhe forca që më kishte karakterizuar më parë. Lufta për veten time, për ëndrrat dhe dëshirat e mia, dukej se po shuhej gjithnjë e më shumë.

Në një moment, u gjeta në një gropë të thellë nga e cila nuk shihja asnjë rrugëdalje. Mundohesha ta bindja veten se jeta duhej të ishte kështu dhe se nuk kisha të drejtë për lumturi. Këto mendime negative u bënë një lloj mantre e brendshme që më shoqëronte vazhdimisht. Ndihesha e kapur në një gjendje të dëshpëruar dhe hijet e depresionit dukeshin se më ndiqnin pa pushim.

Kur fillova të merresha me shëndetin tim mendor, m'u bë e qartë se sa shumë ndikonte mini-pilula në gjendjen time psikologjike. Megjithëse përjetova momente të lumtura dhe bëra përparim, gjithmonë kisha atë hijen që ma kujtonte sa e brishtë isha. Ky vetëdijesim më shtyu të informohem më thellë për efektet e pilulës së kontracepsionit dhe të mini-pilulës.

Fillova t'i kuptoj lidhjet midis hormoneve dhe emocioneve dhe m'u bë e qartë se nuk isha vetëm. Shumë gra kishin përjetuar përvoja të ngjashme. Kjo njohuri më dha guximin për të rrëfyer historinë time dhe për t'u angazhuar aktivisht për shëndetin tim dhe shëndetin e të tjerëve Nuk doja më thjesht të reagoja, por të jetoja në mënyrë të vetëdijshme, në mënyrë që të rimerrja kontrollin mbi mirëqenien time.

Ishte një hap i dhimbshëm por i nevojshëm për të pranuar se kisha të drejtë për lumturi dhe vetëvlerësim.

Pilula e kontracepsionit dhe mini-pilula janë mjete të rëndomta hormonale të kontrollit të lindjes, të cilat shumë gra i përdorin për të menaxhuar planifikimin e familjes. Megjithatë, për disa gra këto pilula mund të shkaktojnë probleme psikologjike ose të përkeqësojnë probleme ekzistuese. Hormonet sintetike që përmbahen në këto mjete kontraceptive ndikojnë në bilancin natyror hormonal të trupit dhe mund të veprojnë në mënyra të ndryshme në psikikën e individëve.

Një problem i zakonshëm që lidhet me marrjen e këtyre pilulave është depresioni. Shumë gra raportojnë për një përkeqësim të gjendjes së humorit dhe shfaqjen e simptomave të depresionit pas fillimit të marrjes së pilulës. Ndryshimet në ekuilibrat hormonal mund të dëmtojnë ndjeshëm edhe ekuilibrin emocional dhe të çojnë në ndjenja të dobësisë ose trishtimit.

Një simptomë tjetër e zakonshme janë ankthet. Ndryshimet hormonale që shkaktohen nga marrja e pilulës mund të çojnë në nervozizëm të shtuar dhe shqetësim të brendshëm. Gratë shpesh raportojnë se ndihen të humbura në kontrollin e emocioneve të tyre, gjë që rezulton në një ndjenjë të vazhdueshme ankthi dhe pasigurie.

Ndryshimet e humorit (disponimit) janë gjithashtu një manifestim i zakonshëm. Shumë gra gjatë marrjes së pilulës përjetojnë ndryshime të papritura dhe të paqarta midis trishtimit, acarimit dhe zemërimit. Këto ndryshime mund të rëndojnë ndjeshëm jetën e përditshme dhe marrëdhëniet ndër-personale, duke shkaktuar keqkuptime dhe konflikte. Përveç kësaj, marrja e pilulës së kontracepsionit mund të çojë në një ulje të libidos. Te disa gra, dëshira seksuale zvogëlohet, gjë që mund të jetë emocionalisht e rëndë dhe të ndikojë në ndjenjën e intimitetit në marrëdhënie.

Shpesh kam menduar se si faktorë të ndryshëm mund të ndikojnë në dëshirën seksuale të grave. Sidomos ulja e libidos më ka shqetësuar dhe po pyes veten se sa ndikojnë depresioni dhe marrja e kontraceptivëve hormonalë si pilula e kontracepsionit ose mini-pilula. Në mjedisin tim kam vënë re se shumë gra që përballen me depresionin përjetojnë edhe një ndryshim në dëshirat e tyre seksuale. Duket se ngarkesa emocionale që shoqëron depresionin jo vetëm që ndikon në humor, por ndikon ndjeshëm edhe në aftësinë për të ndjerë intimitet. Këto gra shpesh raportojnë se ndihen më pak të tërhequra nga partnerët e tyre dhe se interesi për aktivitete seksuale u ka rënë.

Është interesante të shohësh se sa komplekse është marrëdhënia midis shëndetit mendor, hormoneve dhe seksualitetit. Për shumë gra, mund të jetë një sfidë për të identifikuar dhe kuptuar shkaqet e një uljeje të libidos.

Në mendimet e mia bëhet e qartë se si depresioni ashtu edhe ndryshimet hormonale për shkak të kontraceptivëve janë faktorë të rëndësishëm që nuk duhet të injorohen.

Është e rëndësishme që gratë që përjetojnë këto probleme të kërkojnë mbështetje dhe të flasin hapur për përvojat e tyre, për të gjetur zgjidhje që mund të përmirësojnë cilësinë e jetës së tyre.

Ndryshimet kognitive janë një tjetër simptomë e mundshme. Disa gra raportojnë për vështirësi në përqendrim ose për një "mjegull të trurit", e cila ndikon në aftësinë e tyre për të menduar qartë ose për të marrë vendime të prera. Këto sfida kognitive mund të kenë një ndikim negativ në jetën e tyre profesionale dhe përditshmërinë.

Së fundi, marrja e pilulës gjithashtu mund të ndikojë në vetëvlerësim. Ndikimet negative në mirëqenien fizike, si rritja në peshë ose shqetësime të tjera fizike, shpesh kontribuojnë në rritjen e mungesës së vlerësimit për veten. Gratë ndihen ndoshta të pakëndshme në lëkurën e tyre dhe dyshojnë për vetëvlerësimin e tyre.

Është e rëndësishme të theksohet se jo të gjitha gratë i përjetojnë këto efekte anësore dhe reagimet ndaj kontraceptiveve hormonale në mënyrë të njëjtë. Gratë që përjetojnë probleme psikologjike si pasojë e marrjes së pilulës së kontracepsionit ose mini-pilulës nuk duhet të hezitojnë të flasin me mjekun e tyre ose ndonjë profesionist të shëndetit mendor. Ekzistojnë metoda alternative të kontrollit të lindjes, si dhe strategji për mbështetje të shëndetit mendor, të cilat mund të merren parasysh në këto raste. Hapi i parë drejt shërimit dhe mirëqenies është të njohësh përvojat e tua dhe të kërkosh aktivisht zgjidhje.

Kam bërë hulumtime edhe nëse mini-pilula stabilizon mungesën e hekurit. Gjetjet e mia thonë se ajo mund të ndihmojë në reduktimin e humbjes së hekurit duke rregulluar dhe zvogëluar gjakderdhjen menstruale në disa raste. Megjithatë, ndikimi është shumë individual. Derisa te disa gra efekti është i dukshëm, ka shumë të tjera që vazhdojnë të kenë probleme me nivele të ulëta hekuri. Është e rëndësishme të monitorosh shëndetin tënd dhe, nëse është e nevojshme, të kërkosh këshillën e mjekut për të siguruar që niveli i hekuri të mbetet optimal.

Gjakderdhja që ndodh gjatë menstruacioneve vjen nga gjaku ekzistues i trupit dhe jo nga një gjak i ri i prodhuar. Gjatë ciklit menstrual, mukozën e mitrës e furnizojnë një rrjet i enëve të gjakut, veçanërisht përmes enëve spirale. Nëse gjatë ciklit nuk ndodh fertilizimi, niveli i progesteronit bie. Kjo çon në ngushtimin e enëve të gjakut në mukozën e mitrës. Si rezultat, mukoza shkatërrohet, duke shkaktuar humbje gjaku. Sasia e gjakut që humbet gjatë menstruacioneve ndryshon nga një gruaja te tjetra, por mesatarisht është midis 30 dhe 80 mililitra gjatë gjithë periudhës së menstruacioneve.

Në përmbledhje, gjakderdhja menstruale vjen nga enët ekzistuese të gjakut në mukozën e mitrës dhe jo nga gjak i ri i prodhuar nga trupi. Ky kuptim është i rëndësishëm për të kuptuar më mirë proceset fiziologjike në trupin e femrës gjatë ciklit menstrual. Duke pasur parasysh këto që thashë më sipër, unë formësova qëllimet e mia për vitin 2025. Më konkretisht, kam vendosur të vëzhgoj gjithçka me kujdes. Kam lexuar shumë për atë se çfarë duhet të hamë në çdo fazë të ciklit dhe se si kafeja ndikon te gratë. A e dinit se kafeja gjatë menstruacioneve mund të jetë e keqe për ne? Ajo mund të shkaktojë më shumë spazma. Prandaj, dëshiroj të jem e vetëdijshme për atë se çfarë konsumoj në çdo kohë. Dua të ndjek këtë rrugë dhe të shëroj mungesën e hekurt pa mini-pilulë. Jam e bindur se kjo është e mundur. Deri tani, askush nuk më ka mësuar se kjo qasje është e mundur. Preferoj të ushqehem shëndetshëm dhe në mënyrë të balancuar, në vend që të marr ilaçe që ma turbullojnë ekuilibrin hormonal. Për më tepër, besoj se pilula shtyp fuqinë që ne gratë e kemi brenda nesh.

Si pasojë e këtij çrregullimi të ekuilibrit hormonal shpesh na ndodh që të mos jemi në gjendje ta dëgjojmë veten tonë të vërtetë. Deri në fund të vitit do të krijoj një plan ushqimor me receta të ndryshme që janë të përshtatshme për ciklin tim. Dëshiroj të mos kem më spazma gjatë ditëve të mia, e as PMS dhe një nivel të stabilizuar hekuri. Këto përvoja do t'i dokumentoj në librin tim të ardhshëm. Do të mbaj një ditar për të regjistruar çdo ditë pas ndalimit të pilulës, se çfarë ndjenjash kam dhe si ndikon kjo në trupin tim. Jam e bindur se kjo është rruga e duhur drejt një jete të shëndetshme, me vetëbesim, plot shpresë dhe në harmoni me trupin tim.

Mbase je duke pyetur veten se pse nuk filloj menjëherë me planin tim. Kjo është për shkak se dua t'i jap vetes kohën e mjaftueshme për t'u përgatitur në mënyrë të përsosur. Në përgjithësi, jam një person i paduruashëm që dëshiron gjithçka menjëherë, por kam kuptuar se kjo nuk është rruga e duhur. Mendoj se çdo gjë duhet të planifikohet me kujdes dhe të jemi të vetëdijshëm për atë që na pret, përpara se të ndërmarrim një hap të tillë. Nëse nuk funksionon, do të ngelesha të zhgënjyer, dhe kjo do të ndikonte negativisht në vetëvlerësimin tim. Prandaj, në të ardhmen do të marr vendime me kujdes dhe durim. Duke ia dhënë vetes këtë kohë, ia shpërfaq vetes dhe nënvetëdijes sime dashurinë dhe kujdesin që meritoj.

Më tej, dua të sigurohem që jam e gatshme për të ndjekur rrugën time dhe që kam mbështetjen e nevojshme. Kështu, marr vendime që bazohen në një themel të fortë dhe që më ndihmojnë të shpalos potencialin tim të vërtetë. Para se të kaloj në kapitullin e ardhshëm, dëshiroj të ndaj me ty një këshillë të rëndësishme që mund të ndikojë ndjeshëm në rrugën tënde. Kur vendos diçka, mbaje fjalën. Mund të duket e thjeshtë, por rëndësia pas saj është e thellë. Kur nuk mban fjalën tënde, nuk e mashtron vetëm veten, por edhe nënvetëdijen tënde. Sa herë që thyeni një premtim që ia keni bërë vetes, ti në fakt i dërgon mesazh nënvetëdijes tënde se nevojat dhe qëllimet tua janë më pak të vlefshme.

Imagjino se si do të reagonte nënvetëdija jote. Ajo do të programohet për të menduar se ti nuk e mban fjalën dhe kjo ndikon në mënyrën se si e percepton veten. Si mund t'i besojë nënvetëdija jote besnikërisë tënde ndaj vetes nëse vazhdimisht largohesh nga qëllimi yt? Është koha t'i ndërpresim këto modele të dëmshme dhe të rikthejmë kontrollin mbi jetën tonë.

Që nga sot, kur i bën një premtim vetes, mbaje atë pa përjashtime.

Sa herë që e mban fjalën, jo vetëm që forcon vetëbesimin, por edhe krijon një lidhje më të thellë me trupin dhe psikikën tënde. Ia dëshmon vetes se je person i rëndësishëm dhe se qëllimet dhe ëndrrat tua ia vlejnë të ndiqen.

Mos harro se premtimet e tua ndaj vetes kanë po aq rëndësi sa ato që ua jep të tjerëve. Ato janë çelësi i paqes së brendshme dhe stabilitetit emocional. Kur i mbetesh besnik vetes, krijon një themel të fortë të respektit dhe besnikërisë ndaj vetes. Ke fuqinë të formosh aktivisht jetën tënde dhe kjo fillon me vendosmërinë për të mbajtur premtimet e tua. Bëhu e qëndrueshme dhe krenare për secilin hap të vogël që bën.

Ti e meriton të jesh versioni më i mirë i vetes dhe të jesh në gjendje ta arrish këtë. Beso në vete, mbaj fjalën tënde dhe bëhu dëshmitare se si jeta jote zhvillohet në një drejtim pozitiv. Ji e fortë, ji e aftë dhe ji e gatshme të arrish secilin qëllim që synon!

ADHD & ADD

Para dy vitesh, nënës sime iu komunikua diagnoza tronditëse se i duhej të zëvendësonte nyejt e hipsit. Ky lajm e goditi fort dhe i shkaktoi valë të dëshpërimit dhe frikës.

Për të, ky operacion i afërt nuk ishte vetëm një sfidë fizike, por edhe një ngarkesë e madhe psikologjike. Frika nga të panjohurat ia rëndoi shpirtin. Ajo gjithmonë i kishte frikë ndërhyrjet kirurgjike dhe mendimi se do i duhej të përballej me këtë situatë e bënte të dridhej nga frika.

Mendimet për dhimbjen, pasiguria mbi procesin e shërimit dhe frika nga komplikimet e mundshme e shqetësonin ditë e natë.

Nëna ime ndihej e brishtë dhe e pafuqishme dhe frika nga të panjohurat e shqetësonte shumë. Vetëm të menduarit se i duhej të bënte një ndryshim kaq të thellë në trup, por edhe në jetë, i shkaktonte një trishtim të madh.

Në ato momente të rënda, ajo ndihej e vetmuar me gjithë ato ngarkesa të tepërta të shoqëruara me frikëra dhe brenga. Por, pavarësisht gjithë këtyre trazirave emocionale dhe ngarkesave shpirtërore, ajo gjeti një shkëndijë shprese dhe forcë brenda vetes. Luftoi kundër frikërave të saj, kërkoi ngushëllim dhe mbështetje nga të dashurit e saj dhe gjeti guximin për t'u përballur me operacionin, për të rikuperuar shëndetin dhe mirëqenien e saj.

Ky operacion për nënën time ishte jo vetëm një sfidë fizike, por edhe një udhëtim përmes një deti emocionesh dhe ngarkesash psikologjike dhe fizike. Në mes të gjithë këtyre frikërave dhe pasigurisë, ajo gjeti forcën për t'u përballur me frikën e saj dhe për t'u nisur në rrugën e shërimit dhe rikuperimit.

Dy vjet pas operimit, dukej se gjendja e nënës time nuk ishte përmirësuar. Sërish iu shfaqën shqetësime të reja që e mundonin. Shkuam nga njëri te tjetri, kaloi shumë kohë në klinika të rehabilitimit duke shpresuar se përfundimisht do të gjente paqe dhe shërim, por të gjitha këto ishin të kota. Problemet e saj shëndetësore shfaqeshin si hije mbi jetët tona.

Duke qenë se nëna ime nuk flet mirë gjermanisht, ajo e kishte veçanërisht të vështirë të orientohej në ambientet mjekësore. Prandaj, dikush nga familja gjithmonë e shoqëronte atë në takime e seanca. Sa herë që kisha kohë, shkoja unë me të. Dëshiroja që ajo të dinte sa e rëndësishme është për mua dhe se e dua. Ishte një nevojë për mua të isha pranë saj, sidomos në këto kohë sfiduese.

Kur nuk kisha mundësinë të isha e pranishme, gjithmonë i thosha të më telefononte dhe unë do të përktheja për të. E kuptoja frikën e saj dhe doja që ajo të dinte se nuk ishte vetëm. Shpeshherë merrja një gjysmë dite pushim për ta shoqëruar. Në takimet me specialistët duhej të shkonte dikush me të dhe unë nuk doja vetëm të sigurohesha që ajo merrte kujdes të mirë, por edhe të kuptoja se çfarë po ndodhte me të. Dëshira ime më e thellë ishte që ajo të ndihej mirë dhe ndihesha përgjegjëse për t'i qëndruar pranë gjatë kësaj kohe.

Një ditë ndodhi që ta shoqëroja te një psikiatër. Biseda me të ndryshoi gjithçka te unë. Nga ajo ditë, fillova të kuptoja shumë gjëra për veten time që më parë ishin një mister. Psikiatri fliste për emocionet, frikërat dhe sfidat që shoqërojnë sëmundjet mendore. Ndërsa e dëgjoja, më u bë e qartë se atje nuk isha vetëm për nënën time, por edhe për veten time.

Ndihesha emocionalisht e prekur dhe njëkohësisht e lehtësuar, sepse më në fund mund të renditja disa nga përvojat dhe ndjenjat e mia. Ishte sikur papritmas më ndriçoi një rreze drite dhe unë mund të kuptoja lidhjet misi shëndetit mendor dhe atij fizik. Fillova të kuptoja se sfidat që ne po përjetonim bashkë, jo vetëm që na bashkonin si familje, por edhe më ndihmonin të kuptoja më mirë identitetin tim.

Në atë moment, më u bë e qartë se sa e fortë është lidhja jonë dhe sa e rëndësishme është të jemi pranë njëri-tjetrit.

Gjatë kësaj vizite pata mundësinë të mësoja shumë për veten time dhe natyrën time. Që një kohë të gjatë e kisha përjashtuar mundësinë që të kem ADHD. Çrregullimi i hiperaktivitetit dhe mungesës së vëmendjes (ang. Attention deficit hyperactivity disorder - ADHD) është një gjendje që ndikon në sjelljen e njerëzve. Njerëzit me ADHD mund të duken të shqetësuar, mund të kenë probleme të përqendrohen dhe mund të veprojnë me impulsivitet. Sa për mua, kisha qenë aktive, por kurrë impulsive ose e shqetësuar sa vëllai im i vogël. Në prezantim e sipër mbi shkaqet e depresionit të nënës time, e përmenda që vëllai im është diagnostikuar ADHD. Mjekja më shpjegoi se ADHD mund të jetë trashëgimore dhe e lidhur me gjenet. Ky informacion më bëri të ndalem, sepse më dukej e arsyeshme që mbase edhe mund të isha e prekur. Sido që të jetë, nuk kurrë nuk kisha qenë hiperaktive dhe kjo ma forcoi bindjen se nuk i përkisja personave tipikë të prekur me ADHD. Prandaj, i bëra mjekes pyetje mbi arsyet se përse shumë nga simptomat që ajo përmendi më përkasin edhe mua, ndërsa karakteristikat në lidhje me hiperaktivitetin nuk përputheshin me sjelljen time. Përgjigjja e saj ishte mbresëlënëse për mua. Ajo më shpjegoi se ekzistonte edhe Sindromi i mungesës të vëmendjes (Attention Deficit Syndrom ADS), i cili manifestohet shpesh veçanërisht te vajzat dhe shpesh është më pak i vërejtur, pasi vajzat zakonisht janë më të qeta.

Të kuptuarit e kësaj ishte një moment vendimtar për mua, sepse më ndihmoi t'i kuptoja më mirë përvojat dhe sjelljet e mia.

Për më tepër, për një kohë të gjatë nuk isha në dijeni se kisha të menduarin asociativ. E quaja gjithmonë "të menduarit e çuditshëm", sepse deri në këtë vizitë te psikiatri nuk e kuptoja se bëhej fjalë për një mënyrë specifike të të menduarit. Tani e kuptoj se të menduarit asociativ është përparësia më e rëndësishme e identitetit tim.

Kjo veti ma mundëson të jem krijuese, të krijoj lidhje të reja midis ideve dhe problemet t'i shoh në mënyra jo konvencionale.

Këto njohuri më kanë ndihmuar jo vetëm të njoh tiparet e mia, por gjithashtu të zgjeroj ndjeshëm horizontet e të kuptuarit të vetes sime. Njohja e mënyrës sime të të menduarit dhe lidhja me ADS më ka dhënë vetëbesimin për të vlerësuar unikalitetin time dhe për të shfrytëzuar aftësitë e mia individuale. Tani ndihem e inkurajuar për të integruar këto njohuri në jetën time të përditshme dhe për t'u zhvilluar më tej, si në planin personal, ashtu edhe në atë profesional.

Të menduarit asociativ është një proces kognitiv, ku mendimet, idetë dhe konceptet lidhen me njëra-tjetrën, shpesh në një mënyrë spontane dhe jo lineare. Në krahasim me të menduarit analitik, i cili është i strukturuar dhe hap pas hapi, të menduarit asociativ lejon një formë më të lirë të të menduarit, ku kalon nga një mendim te tjetri dhe krijon lidhje midis informacioneve që në dukje nuk kanë lidhje. Ky stil i të menduari shpesh lidhet me kreativitetin dhe inovacionin, pasi mundëson fitimin e perspektivave të reja dhe gjetjen e zgjidhjeve origjinale për problemet e ndryshme. Njerëzit që preferojnë të menduarin asociativ mund të jenë në gjendje të njohin modele dhe të kombinojnë ide, të cilat mund të mos i vijnë në mendje të tjerëve. Kjo mund të jetë veçanërisht e dobishme në profesionet krijuese ose në situatat që kërkojnë mendim të shpejtë.

Në praktikë, të menduarit asociativ shpesh manifestohet dukshëm në seancat e brainstormingut (stuhisë së mendimeve), proceset krijuese të shkrimit ose në art, ku vlerësohen idetë dhe frymëzimet spontane. Mund të jetë gjithashtu e dobishme për zgjidhjen e problemeve, pasi i lejon individit të shikojë përtej kufijve dhe të zhvillojë qasje inovative.

ADHD dhe ADS ofrojnë shumë përfitime që shpesh injorohen, sidomos në lidhje me të menduarin asociativ. Njerëzit me ADHD ose ADS shpesh kanë aftësinë t'i lidhin informacionet në mënyra jo konvencionale, çka çon në zgjidhje krijuese dhe ide të reja. Të menduarit asociativ ua mundëson atyre të krijojnë lidhje midis koncepteve që në dukje janë të pavarura, duke i lejuar ata të zhvillojnë qasje inovative në fusha të ndryshme.

Kjo mënyrë krijuese e të menduarit shpesh mbështetet nga gjendja e hiperfokusit, që shumë njerëz me ADHD e përjetojnë. Në situata të tilla, ata mund të angazhohen intensivisht me një temë ose projekt dhe t'i shndërrojnë mendimet e tyre asociative në rezultate konkrete. Kjo mund të jetë veçanërisht e dobishme në profesionet krijuese ose në zgjidhjen e problemeve komplekse.

Energjia e lartë dhe entuziazmi i njerëzve me ADHD gjithashtu mund të ndërlidhen me të menduarin e tyre asociativ. Ata janë të gatshëm të provojnë ide të reja dhe të ndjekin qasje të ndryshme, çka nxit fleksibilitetin dhe përshtatshmërinë e tyre në mjedise dinamike. Këto karakteristika janë të çmuara kur bëhet fjalë për të gjetur zgjidhje kreative dhe për t'u përshtatur me sfida të reja.

Për më tepër, është e dëshmuar se aftësitë sociale të njerëzve me ADHD, në kombinim me të menduarin e tyre asociativ, shpijnë në biseda interesante dhe në sjelljen e perspektivave të reja. Ata shpesh janë në gjendje të krijojnë lidhje midis mendimeve të të tjerëve, duke e pasuruar kështu dialogun.

Një përfitim tjetër është qëndrueshmëria që shumë njerëz me ADHD ose ADS e zhvillojnë. Sfidat që ata i përjetojnë shpesh nxisin një vetë-reflektim më të thellë dhe aftësinë për të mësuar nga përvojat, çka e forcon më tej procesin e tyre të të menduarit asociativ.

Në përgjithësi, duket se forca e ADHD dhe ADS, veçanërisht në lidhje me të menduarin asociativ, përbëjnë një burim të çmuar. Këto karakteristika pozitive ua mundësojnë atyre të mendojnë me kreativitet, të gjejnë zgjidhje inovative dhe të jetojnë një jetë të plotë. Është e rëndësishme që këto avantazhe t'i njohim dhe t'i promovojmë në mënyrë që të përballemi në mënyrë efektive sfidat që ndërlidhen me ADHD ose ADS.

ADHD, ose Sindromi i mungesës së vëmendjes dhe hiperaktivitetit, është një çrregullim neurobiologjik që karakterizohet kryesisht nga problemet me vëmendjen, impulsivitetin dhe hiperaktivitetin. Njerëzit me ADHD shpesh kanë vështirësi të përqendrohen për periudha të gjata në detyra, janë lehtësisht të shpërqendruar dhe mund të marrin vendime impulsive. Këto simptoma mund të shfaqen si në fëmijëri ashtu edhe në moshën e rritur dhe ndikojnë në fusha të ndryshme të jetës, duke përfshirë shkollën, profesionin dhe marrëdhëniet në qift.

ADS, ose Sindromi i mungesës së vëmendjes, shpesh konsiderohet si një formë më e lehtë e ADHD. Te ADS, simptomat zakonisht janë më pak të theksuara dhe kryesisht përfshijnë vështirësi me vëmendjen, pa sjellje hiperaktive ose impulsive që zakonisht lidhen me ADHD. Njerëzit me ADS mund të kenë vështirësi për t'u përqendruar në detyra, shpesh janë harrestarë dhe kanë probleme për të ndjekur udhëzime, por nuk shfaqin të njëjtën hiperaktivitet.

ADHD dhe ADS sjellin shumë përfitime që shpesh injorohen. Një nga avantazhet më të dukshme është kreativiteti. Një karakteristikë tjetër pozitive është gjendja e hiperfokusit, që shumë njerëz me ADHD mund ta manifestojnë. Në situata të caktuara, ata janë në gjendje të përqendrohen intensivisht dhe produktivisht në një detyrë, veçanërisht kur janë të interesuar për subjektin e diskutimit. Kjo aftësi mund të manifestohet me rezultate të jashtëzakonshme.

Energjia, shpesh e theksuar, e njerëzve me ADHD po ashtu mund të shihet si një avantazh. Ata shpesh janë entuziastë dhe të motivuar. Kjo energji, e kombinuar me një fleksibilitet të lartë, u mundëson atyre të përshtaten shpejt me situatat e reja dhe të adaptohen lehtësisht në mjedise dinamike. Për më tepër, shumë njerëz me ADHD tregojnë aftësi të shkëlqyera në zgjidhjen e problemeve. Perspektiva e tyre unike u lejon atyre të zhvillojnë qasje kreative që ndoshta nuk u vijnë në mendje të tjerëve. Në ndërveprime sociale, të tillët shpesh shkëlqejnë, krijojnë shpejt kontakte dhe i frymëzojnë të tjerët përmes shoqërisë së tyre.

Një avantazh tjetër është qëndrueshmëria që shumë njerëz me ADHD ose ADS e zhvillojnë. Sfida që i shoqërojnë këto dhunti shpesh çojnë në mësimin si të përballen me vështirësitë dhe të mos lejojnë që ato t'i mposhtin.

Krejt në fund, te njerëzit me ADHD ose ADS shpesh shfaqet një interes i fortë për përvoja të reja. Ky kuriozitet i shtyn ata të provojnë gjëra të reja dhe të eksplorojnë rrugë të ndryshme në jetë.

Në përgjithësi, është e rëndësishme të njohim dhe të promovojmë forcat individuale të njerëzve me ADHD dhe ADS. Këto karakteristika pozitive mund të ndihmojnë në përballimin më të mirë të sfidave dhe në jetën e plotë.

Unë kam një të menduar asociativ në kombinim me të menduarit analitik – dy stile të të menduarit që ma pasurojnë jetën në mënyrë të ndjeshme. Përmes të menduarit asociativ mund tw mendoj me kreativitet dhe fleksibilitet. Jam në gjendje të lidh ide dhe koncepte të ndryshme, çka më ndihmon të gjej zgjidhje inovative. Shpesh kaloj nga një mendim te tjetri dhe ky proces spontan i të menduarit çon në njohuri të papritura. Kjo aftësi për të parë lidhje që ndoshta u shpëtojnë të tjerëve, më hap perspektiva të reja dhe më frymëzon të mendoj në një mënyrë krejt origjinale.

Nga ana tjetër, të menduarit tim analitik ma mundëson t'i shoh gjërat në mënyrë të strukturuar dhe logjike. Problemet e caktuara mund t'i ndaj në pjesë të vogla dhe t'i qasem atyre në mënyrë sistematike. Kjo aftësi më ndihmon të marr vendime të informuara dhe të përballoj sfida komplekse. Kur analizoj një situatë, ndiej më shumë siguri i sepse kuptoj lidhjet dhe mund të nxjerr hapat e duhur. Kombinimi i këtyre të dy stileve të të menduarit më bën një zgjedhëse të shumanshme të problemeve. Mund të mendoj me kreativitet për të zhvilluar ide të reja dhe njëkohësisht të veproj në mënyrë analitike për t'i realizuar këto ide. Ky ekuilibër më jep vetëbesimin për të vepruar me sukses në situata të ndryshme.

Unë e vlerësoj aftësinë time për të menduar si asosiativisht ashtu edhe analitikisht, sepse kjo ma mundëson të përparoj në kontekste të ndryshme. Këto forca më ndihmojnë jo vetëm në mjedisin profesional, por m'i pasurojnë edhe marrëdhëniet e mia personale dhe jetën time të përditshme. Jam krenare për mënyrën se si mund t'i shfrytëzoj të dy stilet e të menduarit për t'u përballuar me sfidat dhe për të arritur qëllimet e mia.

Po ashtu, jam shumë mirënjohës që në shkollë kurrë nuk u kuptua se unë kam ADS. Si fëmijë, pata mundësinë të vëzhgoja se si vëllai im më i vogël, i cili vuante nga ADHD, dërgohej te mjekët sepse ishte hiperaktiv. Ishte një kohë e vështirë për të gjithë ne. Fillimisht ai mori Ritalin, por nuk e përballoi mirë. E mbaj mend fytyrën e shqetësuar të prindërve të mi kur shihnin sa keq ndihej ai gjatë marrjes së ilaçit. Ishte si një re e errët mbi shtëpinë tonë.

Pavarësisht vështirësive, nuk u dorëzuam dhe kaluam
në Concerta. Ndryshimi që ky ilaç solli tek ai ishte
shqetësues sepse kjo ia transformoi tërësisht natyrën
E mbaj mend mirë si e shikoja dhe si ndihesha sepse
më bëhej se ai nuk ishte më ai i përparmi. Nuk donte
më të luante, nuk kishte dëshirë për asgjë. Momentet
të gëzueshme dhe pa brenga që kishim ndarë më parë,
papritmas dukeshin shumë të largëta. Edhe gjatë
kohës së drekave dhe darkave dukej qartë se diçka
nuk ishte në rregull. Nuk donte të hante dhe ndihesha
e pafuqishme për t'i ndihmuar. Imazhi që kisha për
vëllain tim nuk ishte më ai që njihja. Ishte
zemërthyese ta shihja ashtu dhe pyesja veten ku
kishte mbetur ai djalë i gjallë, i mbushur me energji
dhe gëzim.
Kur babai im përfundimisht vendosi t'ia ndalonte
Concertan, ndjeva një lehtësim. Ai donte ta kishte
djalin e tij përsëri dhe unë e kuptova vendimin e tij.
Edhe unë e humba paqen që kishim pasur dikur, dhe
doja që vëllai im të ishte përsëri ai që e doja aq
shumë.

Kjo ishte një kohë shumë e vështirë për familjen tonë dhe shpesh ndihesha e humbur. Kujdesi për vëllain tim dhe frika se ai nuk do të mund të ishte përsëri si më parë, më rëndonte shumë. Këto përvoja më kanë formuar dhe më kanë bërë ta përshtatem me realitetin.

Nëse një person vuan nga Sindromi i mungesës së vëmendjes dhe hiperaktiviteti, nuk do të thotë se ai është i sëmurë ose se ka nevojë për ilaçe, sidomos jo në moshën e fëmijërisë! Kjo pikëpamje më zhgënjen thellësisht, sepse besoj se duhej ta trajtonim ndryshe. Është e rëndësishme të mos e shohim ADHD si një sëmundje apo problem, por të kuptojmë se çfarë është vërtet. Kur u përballa me vëllain tim dhe sfidat e tij, më bëri të kuptoja se duhej ta mbështesnim, në vend që ta stigmatizojmë.

Fëmijët me ADHD shpesh janë plot energji dhe gëzim dhe kjo është një dhuratë e çmuar. Në vend që t'i shtypim në korniza të ngushta, duhet të promovojmë aftësitë e tyre unike. E shoh si përgjegjësinë tonë, si familje dhe si shoqëri, t'i kuptojmë këta fëmijë dhe t'u ofrojmë mbështetjen e nevojshme.

Shpesh mendoj për fëmijët që punojnë me nxënës. Nëse je mësues apo mësuese, kur ta kuptosh se një fëmijë është i prekur me ADHD, duhet ta dish si të veprosh. Në vend që ta vendosësh fëmijën në një qoshe apo ta ndëshkosh, duhet të mendosh se si mund ta ndihmosh. Nxirreni fëmijën vetëm për një moment jashtë, lëreni të vrapojë dhjetë herë rreth shkollës ashtu që të lirojë energjinë e tepërt. Pas një pushimi të tillë, fëmija mund të përqendrohet shumë më mirë në mësim.

Është shumë e rëndësishme që t'i njohim aspektet pozitive të ADHD. Gëzimi i jetës që sjellin fëmijët me ADHD është i paçmueshëm. Ata shpesh kanë një perspektivë tjetër për botën, janë kreativë dhe plot ide. Kam mësuar se mund të përfitojmë prej tyre nëse promovojmë forcat e tyre dhe nuk përqendrohemi vetëm te sfidat.

Dëshiroj që ne si shoqëri të zhvillojmë më shumë mirëkuptim dhe pranim për fëmijët me ADHD. Nuk është një defekt, por një mënyrë tjetër të qenit dhe të jetuarit që meriton të vlerësohet dhe të mbështetet. Këta fëmijë kanë shumë për të dhënë dhe është në dorën tonë t'u ofrojmë skenën që meritojnë. Shpresoj që të gjithë së bashku të punojmë për të krijuar një ambient që i mirëpret këta shpirtra të mrekullueshëm dhe të gjallë dhe t'i ndihmojmë ata të zhvillojnë potencialin e tyre të plotë.

Jam mirënjohës që nuk isha vetë në këtë situatë, por trishtimi që ndjeva për vëllain tim do të mbetet gjithmonë në kujtesën time.

Siç e përmenda edhe më sipër, unë jam e lumtur që në fëmijëri nuk u kuptua se isha e prekur Sindromin e mungesës së vëmendjes (ADS). Jam e bindur se kjo më ka lejuar të zhvillohem në mënyrën më të mirë, pa u kufizuar nga ilaçet. Sot, kur kuptoj se çfarë do të thotë vërtet ADS, nuk lejoj që mendimet e të tjerëve të më ndikojnë, sidomos kur më thonë se është një dobësi, një mungesë apo një sëmundje.

E di që kjo nuk është e vërtetë. Për mua, ADS është një dhunti që më jep forcë. Kjo dhunti m'i hap dyert për të parë botën në një mënyrë të veçantë - ma mundëson të kuptoj lidhshmërinë midis gjërave, të gjej zgjidhje inovative dhe kreative dhe të jetoj me një intensitet që shumë nuk mund ta kuptojnë. Jam krenare për këtë që jam. Këto karakteristika më bëjnë më të sigurt dhe ma formojnë identitetin tim.

E dua veten, e pranoj si të tillë dhe e vlerësoj shumë. Fakti që jam ndryshe nuk është pengesë, por një dhuratë. Kam mësuar ta përqafoj energjinë dhe pasionin tim dhe t'i investoj ato në gjithçka që bëj. E di që kam aftësinë për të arritur gjëra të mëdha dhe për të frymëzuar të tjerët.

Prandaj do të vazhdoj të flas për veten time dhe për të gjithë ata që përjetojnë përvoja të ngjashme. Do të jem zëri që thotë: "Nuk jam më pak e vlefshme. Jam unike dhe kjo është forca ime." Nuk do të fshihem apo të përshtatem për të përmbushur pritshmëritë e të tjerëve. Jam këtu për të shkëlqyer, për të shfrytëzuar potencialin tim dhe për t'i treguar botës se ajo që shpesh shihet si një mungesë a dobësi, në të vërtetë është një burim i pafund fuqie dhe krijimtarie. Jam krenare për identitetin tim, jam krenare për dhuntinë time dhe gjithmonë do të flas për atë që jam.

Me këtë rast, do të doja të shtoj edhe diçka tjetër. Pavarësisht se kush e sheh veçantinë tënde si një dobësi, kujto se nga çdo dobësi mund të zhvillosh forcën tënde më të madhe. Përqafoji ndryshimet tua dhe lëri prapa krahëve frikërat nga të qenit ndryshe. Nuk je ndryshe, je ti, dhe kjo është pikërisht e duhur. Mëso ta duash veten ashtu siç je. Njihja vetes vlerën që ke. Ky pranim dhe vlerësim për veten do të ta japin fuqinë për të festuar unikalitetin dhe veçantinë tënde. Ji krenare për individualitetin tënd dhe perspektivat që sjellë në botë. Mos lejo që mendimet e të tjerëve të të frenojnë. Njihi dhe përqafoji dobësitë e tua sepse ato janë themeli nga ku nis rritja dhe zhvillimi. Je e fortë, je e aftë dhe ke potencialin për të arritur gjëra të mëdha. Udhëtimi yt është unik. Ti ke gjithçka që të nevojitet për të qenë një person i suksesshëm. Ngrite zërin për veten tënde, për ëndrrat tua, për qëllimet tua dhe për gjithçka që dëshiron të arrish. Je e gatshme të ndryshosh botën dhe të lësh gjurmët e tua. Je këtu për të shkëlqyer dhe ke potencialin për të zhvilluar forcën tënde. Je ti, duaje veten dhe beso në veten tënde, sepse TI KE VLERA.

Narcist, Sociopat dhe Psikopat

Fatkeqësisht, në jetë më ka rënë rasti të njoh shumë narcisistë, sociopatë dhe psikopatë. Këto përvoja më kanë formuar shumë, sepse akoma nuk mund ta kuptoj se si dikush mund të jetë kështu. Por, pikërisht nga këto njohje kam marrë një vendim të rëndësishëm.

Dua të të ndihmoj edhe ty që t'i njohësh këto kategori njerëzish. E para dhe më thelbësorja është që t'i perceptosh sinjalet paralajmëruese dhe të kuptosh se është në rregull të vendosësh kufij. Duhet të bëhesh person i vetëdijshëm se ke të drejtën të mbrohesh. Mos lejo që personalitetet karizmatike të të verbërojnë sepse të tillët fshihen pas një fasade. Vëzhgo sjelljen e tyre dhe mënyrën si ata lidhen me ty dhe të tjerët.

Intuita jote është një mjet i fuqishëm. Nëse ke një ndjesi të keqe, besoji asaj! Ti e ke aftësinë për ta kuptuar kur diçka nuk është në rregull. Mos lejo që dyshimet apo frika nga refuzimi të të frenojnë. Je e fortë dhe e aftë të marrësh vendimet e duhura për veten tënde. Është e rëndësishme që të vlerësosh veten dhe të dish se meriton të trajtohesh me respekt dhe dashuri. Mos lejo që njerëzit toksikë të të ndalojnë. Je person i vlefshëm dhe ke të drejtën për marrëdhënie të shëndetshme që të mbështesin dhe të inkurajojnë.

Përdori leksionet që ke mësuar nga përvojat e tua në procesin e zhvillimit. Mos lejo që njohjet me njerëz të tillë të përcaktojnë jetën tënde, por shikoji ato si nxitje për të qenë person më i vetëdijshëm dhe më i fortë në vendimet e tua. Në këtë rrugë nuk je i vetëm; të inkurajoj të ngresh zërin dhe të flasësh për veten tënde. Ti ke fuqinë për të krijuar ambientin që meriton. Bëhu krenare për udhëtimin tënd dhe për faktin se vazhdon të luftosh për veten tënde!

Në fillim, dua t'i theksoj disa ngjashmëri midis narcisistëve, psikopatëve dhe sociopatëve. Të tri personalitetet kanë një nivel të ulët empatie dhe kanë tendencë t'i manipulojnë njerëzit për të përmbushur nevojat e tyre. Ata kanë vështirësi në ndërtimin e marrëdhënieve të qëndrueshme dhe shpesh tregojnë sjellje impulsive ose egoiste. Megjithatë, përkundër këtyre ngjashmërive, ekzistojnë dallime të rëndësishme midis tyre.

Së pari, narcisistët karakterizohen nga një vetëvlerësim i tepruar dhe një nevojë e fortë për t'u adhuruar nga të tjerët. Ata shpesh janë tërheqës, por mund të jenë emocionalisht të paqëndrueshëm dhe kanë tendencë të manipulojnë partnerët e tyre për të ruajtur interesat e veta. Nga ana tjetër, sociopatët tregojnë sjellje impulsive dhe papjekuri emocionale. Ata kanë vështirësi në ruajtjen e marrëdhënieve afatgjata dhe shpesh nuk i përmbahen normave sociale. Impulsiviteti dhe papërgjegjshmëria e tyre mund të shpie në situata konfliktuale.

Psikopatët shpesh janë më të kuptueshëm dhe pa skrupuj. Ata mund të duken tërheqës dhe bindës, por tregojnë një mungesë të theksuar ndjenjash dhe një mungesë të skajshme pendese për veprimet e tyre.

Natyra e tyre manipulative i bën të rrezikshëm, pasi shpesh veprojnë pa marrë parasysh pasojat për të tjerët. Në seksionet në vijim, do të shqyrtoj secilin nga këto kategori personalitetesh më në detaje dhe do të hedh dritë mbi karakteristikat dhe sjelljet specifike që i dallojnë nga njëri-tjetri.

Narcisisti

Një marrëdhënie me një narcisist mund të duket në fillim jashtëzakonisht tërheqëse dhe pasionante. Narcisistët shpesh janë tërheqës dhe me shkëlqimin e tyre i joshin partnerët e tyre, duke bërë që në fazën fillestare të marrëdhënies të ndihesh shumë e lidhur dhe e lumtur. Por, kjo lumturi fillestare mund të kthehet shpejt në një dinamikë komplekse dhe të dhimbshme. Gjatë marrëdhënies, shpesh fillon të ndihesh e ngatërruar. Narcisistët shpesh dërgojnë sinjale kontradiktore; dashuria e tyre mund të kthehet shpejt në kritikë ose indiferencë. Kjo paqëndrueshmëri krijon një ndjenjë të vazhdueshme pasigurie, pasi nuk e di kurrë saktësisht se ku qëndron. Për më tepër, marrëdhënia mund të çojë në dyshim të thellë për veten.

Narcisistët kanë tendencë të shfrytëzojnë dobësitë e partnerëve të tyre dhe t'i nënçmojnë ata për të forcuar vetëvlerësimin e tyre. Kjo mund të bëjë që të fillosh të dyshosh në veten tënde dhe të vësh në dyshim perceptimin tënd për realitetin. Nis dhe pyet veten nëse kritika është e justifikuar dhe nëse vërtet je kaq e pavlerë sa sugjeron narcisisti.

Izolimi është një tjetër karakteristikë e zakonshme e këtyre marrëdhënieve. Narcisistët shpesh përpiqen t'i izolojnë partnerët e tyre nga miqtë dhe familja për të fituar më shumë kontroll mbi ta. Ky izolim forcon ndjenjën e vetmisë dhe mund të çojë në humbjen e kontaktit me botën e jashtme, duke e rritur edhe më tej ngarkesën emocionale.

Frika e vazhdueshme nga kritika ose refuzimi është një tjetër aspekt ngarkues. Njerëzit jetojnë me frikën e përhershme se nuk janë të mjaftueshëm ose se nuk po i përmbushin pritshmëritë e narcisistit. Kjo frikë mund të jetë e tejskajshme dhe shpesh çon në një ndjenjë të shqetësimit të brendshëm. Shterja emocionale është pasojë e drejtpërdrejtë e manipulimit të vazhdueshëm dhe presionit që ushtron narcisisti. Përpjekja për të kënaqur partnerin dhe kalimi nëpër emocionet e vazhdueshme mund të çojnë në stres të konsiderueshëm mendor. Njerëzit shpesh ndihen të shteruar dhe kanë ndjenjën se nuk kanë më energji për veten e tyre.

Në fund, pasiguria e vazhdueshme dhe luhatjet emocionale çojnë në dhimbje të thella emocionale dhe trishtim. Njerëzit shpesh ndihen se dashuria nuk është e vërtetë dhe vuajnë nga humbja e identitetit dhe mungesa e respektit për veten e tyre. Kur në fund gjen guximin për t'u shkëputur nga një marrëdhënie e tillë, përjeton një ndjenjë e jashtëzakonshme çlirimi dhe fillimi të ri. Procesi i ndarjes mund të jetë i dhimbshëm, por ofron mundësinë për të rikuperuar veten dhe për të ringjallur respektin për veten. Në këto kohë, është e rëndësishme të kërkosh mbështetje, qoftë nga miqtë, familja apo edhe ndihma profesionale në procesin e shërimit dhe për t'u rikuperuar nga plagët emocionale.

Narcisistët, qofshin femra apo meshkuj, tregojnë disa sjellje të ngjashme, por ka edhe dallime të rëndësishme në mënyrën se si shprehin atributet e tyre.

Narçisistët meshkuj kanë tendencë të demonstrojnë rritjen e tyre shpesh përmes dominimit, fuqisë dhe agresivitetit. Ata mund të duken shumë konkurrues dhe të vendosur, çka reflektohet në sjelljen e tyre në jetë profesionale ose në situata sociale. Narcisistët meshkuj shpesh shpërfaqin një nevojë të fortë për kontroll dhe mund të nënçmojnë të tjerët për të ngritur veten. Tërheqja e tyre mund të forcohet edhe nga statusi shoqëror dhe sukseset materiale.

Narçisistët femra nga ana tjetër, shpesh përdorin manipulime subtile dhe taktika emocionale për të arritur qëllimet e tyre. Ato mund të duken tërheqëse dhe joshëse, por shpesh shpërfaqin një nevojë të fortë për konfirmim dhe vëmendje. Narcisistet femra kanë tendencë të shfrytëzojnë tërheqjen e tyre përmes marrëdhënieve dhe rrjeteve sociale, ndërkohë që njëkohësisht nënçmojnë gratë e tjera ose rivalet për të vënë veten në qendër të vëmendjes. Dramat emocionale dhe lojërat me ndjenjat e të tjerëve gjithashtu mund të jenë karakteristika tipike.

Për ta përmbledhur, narcisistët meshkuj shpesh shfaqen më drejtpërdrejt dhe me agresivisht, ndërsa narcisistët femra shpesh përdorin taktika më subtile dhe manipulative. Megjithatë, të dy gjinitë ndajnë karakteristika themelore të narcisizmit, siç janë vetëvlerësim i tepruar dhe mungesa e empatisë.

Sociopati

Një marrëdhënie me një sociopat mund të shkaktojë një vistër të gjerë ndjenjash intensive dhe ngarkuese. Në fillim, shpesh ndihesh i/e ngatërruar, pasi fjalët dhe veprimet e sociopatëve shpesh nuk përputhen, çka çon në pasiguri mbi realitetin. Sjellja e paparashikueshme e sociopatëve mund të shkaktojë frikë të vazhdueshme, si për manipulimin emocional ashtu edhe për dhunën e mundshme.

Izolimi është një tjetër karakteristikë e zakonshme, pasi sociopatët kanë tendencë t'i izolojnë partnerët e tyre nga miqtë dhe familja, çka forcon ndjenjën e vetmisë. Ky manipulim mund të shkaktojë dyshime të thella për veten, pasi fillon të dyshosh në perceptimin dhe vlerën tënde. Përsëritjet e zhgënjimeve nga premtimet e pambushura dhe presioni emocional i sociopatëve shpesh çojnë në shterje mendore dhe emocionale, ndërsa ngarkesa e vazhdueshme dhe mungesa e lidhjeve të vërteta shkaktojnë trishtim.

Në fund, vendimi për t'u shkëputur nga një sociopat mund të sjellë një ndjesi çlirimi dhe lirie, edhe pse rruga deri atje është e vështirë. Në përgjithësi, një marrëdhënie me një sociopat është jashtëzakonisht sfiduese dhe mund të ndikojë rëndë në mirëqenien emocionale, prandaj është e rëndësishme t'i marrësh seriozisht ndjenjat tua dhe të kërkosh mbështetje. Sociopatët, meshkuj dhe femra, kanë disa dallime në sjelljen e tyre dhe ndërveprimin me të tjerët, megjithatë të dy ndajnë disa karakteristika antisociale.

Sociopat meshkuj shpesh kanë tendencë të shfaqin sjelljen e tyre më hapur dhe agresivisht. Ata mund të jenë impulsivë dhe të gatshëm për rreziqe, çka mund të shprehet në sjellje të dhunshme ose kriminale. Sociopatët meshkuj shpesh janë të orientuar drejt konkurrencës dhe mund të përpiqen të demonstrojnë dominimin e tyre përmes pranisë fizike ose lojërave të forcës. Ata shpesh tregojnë një nivel të ulët empatie dhe kanë tendencë të manipulojnë marrëdhëniet për të arritur qëllimet e tyre, çka mund të çojë në një ftohtësi emocionale të theksuar.

Sociopat femra nga ana tjetër, shpesh përdorin taktika më subtile për manipulim. Ato mund të duken tërheqëse,duke përdorur drama emocionale dhe manipulim social për të fituar kontroll mbi ambientin dhe njerëzit përreth tyre. Sociopatët femra shpesh tregojnë një nevojë të fortë për konfirmim social dhe shfrytëzojnë marrëdhëniet për të rritur vetëvlerësimin e tyre. Ato janë në gjendje të simulojnë empatinë për të manipuluar të tjerët, çka mund të fshehë qëllimet e tyre të vërteta.

Për ta përmbledhur, sociopatët meshkuj shpesh janë më të drejtpërdrejtë dhe agresivë në sjelljen e tyre, ndërsa sociopatët femra përdorin strategji më subtile dhe emocionalisht manipulatore. Megjithatë, të dy gjinitë ndajnë karakteristika themelore si mungesa e empatisë dhe tendenca për manipulim.

Psikopatët

Marrëdhënia me një psikopat mund të jetë jashtëzakonisht komplekse dhe emocionalisht e ngarkuar. Në këto marrëdhënie, shpesh përjeton ngatërrim, pasi psikopatët janë mjeshtër në fshehjen e qëllimeve të tyre të vërteta dhe është e vështirë t'i kuptosh ndjenjat dhe motivet e tyre. Kjo pamundësi parashikimi shpesh çon në një ndjenjë të vazhdueshme frike dhe minon ndjenjën e sigurisë në marrëdhënie. Izolimi është një tjetër karakteristikë e zakonshme, pasi psikopatët kanë tendencë të izolojnë partnerët e tyre nga miqtë dhe familja, çka krijon një ndjenjë të thellë vetmie. Manipulimi i vazhdueshëm mund të shkaktojë dyshime te vetja, pasi fillon të vësh në dyshim perceptimin dhe intuitën e tua. Kjo shpesh çon në shterje mendore dhe emocionale, ndërsa mungesa e lidhjeve të vërteta emocionale shkakton trishtim dhe zemërim.

Psikopatët mashkullorë shpesh janë karizmatikë dhe të vetëdijshëm, çka i bën ata shumë tërheqës në fillim. Paraqitja e tyre tërheqëse mund t'i tërheqë shpejt partnerët në botën e tyre. Por pas kësaj fasade shpesh fshihet një personalitet manipulues, i gatshëm të abuzojë me ndjenjat e tjetrit për të kënaqur nevojat e veta. Ata kanë tendencën të tregojnë sjellje dominante dhe kontrolluese, çka mund të çojë në një disbalancë në marrëdhënie. Mungesa e empatisë i bën ata të lehtë për të shkaktuar dhimbje emocionale, pa u ndjerë të turpëruar për këtë. Këto marrëdhënie shpesh janë të mbushura me emocione të forta dhe dramë, çka mund të jetë njëherësh pasionante dhe dëmtuese.

Psikopatët femërorë, nga ana tjetër, gjithashtu tregojnë sjellje manipulative, por shpesh në një mënyrë më delikate. Ato përdorin sharmin e tyre dhe inteligjencën emocionale për të ndikuar te partnerët e tyre. Manipulimi i tyre mund të jetë emocional, duke shkaktuar ndjenja faji ose mëshire për të imponuar vullnetin e tyre. Edhe ato tregojnë një mungesë empatie, çka rezulton me injorimin e nevojave emocionale të partnerëve të tyre. Marrëdhëniet me psikopatët femra shpesh janë të mbushura me drama dhe konflikte, duke ushtruar kontrollin përmes manipulimit social ose krijimit të varësive.

Në përgjithësi, marrëdhëniet mes psikopatëve, pavarësisht nëse janë meshkuj apo femra, karakterizohen nga dinamika intensive, taktika manipulative dhe një luftë e vazhdueshme për kontroll. Këto lidhje mund të duken tërheqëse, por përmbajnë rreziqe të konsiderueshme për shëndetin emocional dhe psikologjik të të përfshirëve. Është e rëndësishme të jesh i vetëdijshëm/e vetëdijshme për sfidat e mundshme dhe të njohësh rreziqet e tilla të marrëdhënieve për të mbrojtur veten.

Në fund, procesi i shkëputjes nga një marrëdhënie e tillë mund të shoqërohet me një ndjenjë të jashtëzakonshme çlirimi dhe lirie, edhe pse rruga deri atje është e dhimbshme. Në përgjithësi, një marrëdhënie me një psikopat është jashtëzakonisht sfiduese dhe mund të ndikojë rëndë në mirëqenien emocionale dhe psikologjike. Është e rëndësishme të bësh vetëdije për ndjenjat e tua dhe, nëse është e nevojshme, të kërkosh mbështetje për të rikuperuar respektin për veten.

Në një marrëdhënie me një narcisist, sociopat ose psikopat, mund të përjetohen përvoja të ngjashme emocionale. Shpesh fillon me ngatërrim, pasi partnerët marrin sinjale të ndryshme dhe taktikat e manipulimit janë të paparashikueshme. Një ndjenjë e vazhdueshme frike përshkruan marrëdhënien, pasi kurrë nuk mund të jesh i/e sigurt se si do të reagojë partneri. Kjo shpesh çon në dyshime të thella për veten, pasi manipulimi emocional minon besimin në perceptimin e vet.

Izolimi është një tjetër karakteristikë e përbashkët, pasi këto personalitete shpesh përpiqen t'i ndajnë partnerët e tyre nga miqtë dhe familja, çka krijon një ndjenjë të fortë vetmie. Ngarkesa emocionale e vazhdueshme çon në shterje, ndërsa dëshira për lidhje dhe kuptim të vërtetë mund të shkaktojë trishtim të thellë.

Përveç kësaj, mund të kultivohet zemërim ndaj partnerit dhe vetvetes, pasi ndihesh i/e bllokuar në një marrëdhënie toksike. Kur në fund gjendet guximi për t'u shkëputur nga kjo marrëdhënie, shpesh ndjehet një ndjenjë çlirimi dhe lirie, edhe pse rruga deri atje është e dhimbshme.

Në përgjithësi, marrëdhëniet me këto personalitete tregojnë shumë ngjashmëri në sfidat emocionale që ato sjellin dhe është e rëndësishme të njihen këto modele për të mbrojtur shëndetin mendor. Personalitetet narcisiste, sociopatike dhe psikopatike kanë sjellje dhe karakteristika të caktuara që e bëjnë të vështirë përballjen me ta. Narcisistët shpesh kanë një vetëvlerësim të tepruar dhe një nevojë të fortë për të qenë të adhuruar. Ata i vendosin nevojat e tyre mbi ato të të tjerëve dhe shpesh nuk janë në gjendje të tregojnë empati. Kjo do të thotë se ata nuk i kuptojnë ose nuk i marrin parasysh ndjenjat dhe nevojat e të tjerëve.

Në biseda, ata kanë tendencë ta vënë veten në qendër dhe shpesh injorojnë atë që ti ke për të thënë. Në marrëdhëniet midis psikopatëve meshkuj dhe femra shpesh shfaqen dallime të dukshme në sjelljen dhe strategjitë e tyre, megjithëse të dy grupet kanë tendenca të ngjashme manipulimi dhe kontrolli.

Sociopatët, nga ana tjetër, kanë tendencën të jenë impulsivë dhe të paparashikueshëm. Ata shpesh tregojnë një mungesë kuptimi për normat dhe rregullat sociale. Sjellja e tyre mund të jetë e pamatur dhe dëmtuese për të tjerët, dhe ata kanë vështirësi në mbajtjen e marrëdhënieve të qëndrueshme. Ata mund të duken tërheqës dhe bindës, por prapa kësaj fasade shpesh fshihet një natyrë e ftohtë dhe kalkuluese. Psikopatët karakterizohen nga një mungesë të thellë empatie dhe një nevojë të fortë për kontroll. Ata mund të jenë jashtëzakonisht manipulues dhe shpesh shfrytëzojnë dobësitë e të tjerëve për të arritur qëllimet e tyre. Mungesa e pendesës ose ndjenjës së fajit i bën ata veçanërisht të rrezikshëm, pasi janë të gatshëm të dëmtojnë të tjerët për përfitime personale. Të merresh me këto personalitete mund të jetë emocionalisht ngarkuese. E vëreni se nuk ndihemi rehat në praninë e tyre ose se pas ndërveprimeve me ta ndiheni të zbrazët dhe të lodhur. Është e rëndësishme të zhvilloni strategji për t'u mbrojtur, si për shembull, vendosja e kufijve të qartë, shmangia e ndërveprimeve intensive dhe kërkimi i mbështetjes nga miqtë ose profesionistët kur ndiheni të tej ngarkuar.

Personalitetet narcisiste, sociopatike dhe psikopatike janë grabitësit më të mëdhenj të energjisë. Shpejt e kupton se teknikat e tyre të manipulimit janë të holla dhe me marifet, por jashtëzakonisht efektive. Ata t'i vjedhin jo vetëm energjinë emocionale, por ndikojnë edhe në kthjelltësinë tënde mendore.

Kur je në ndërveprim me ta, shpesh ndien lodhje dhe shterim. Ata duan t'i dominojnë bisedat, t'i injorojnë nevojat dhe përqendrohen ekskluzivisht në interesat e tyre. Aftësia e tyre për të përmbysur realitetin dhe për të shkaktuar ndjenja faji mund të të bëjë të dyshosh në vete.

Është e rëndësishme që të mësosh të vendosësh kufij dhe të distancohesh nga persona të tillë. Vihu në mbrojtje të energjisë tënde dhe kuptoje që nuk ke përgjegjësi për mirëqenien emocionale të të tjerëve. Duke qëndruar larg këtyre grabitësve të energjisë, mund të përmirësosh cilësinë e jetës tënde dhe të rikuperosh forcën tënde të brendshme.

Këtu dëshiroj të shtoj diçka në formën e një këshille. Në jetën tënde do të takosh narcisistë, sociopatë dhe psikopatë. Ndërveprimi me ta nuk është me patjetër vetëm në marrëdhënie - ata mund t'i takosh edhe në vendin e punës, mund të jenë miqtë e tu, e madje edhe dikush nga familja. Pavarësisht se si sillen ndaj teje, mos i harro kurrë vlerat e tua që të përkufizojnë. Këto vlera janë thelbësore dhe nuk duhet t'i humbasësh kurrë, pasi ato të definojnë si personalitet.

Kurrë mos u ul në nivelin e tyre, sepse nuk ke nevojë për këtë. Ti di më e mirë se kaq, dhe e di këtë. Mos lejo që të bëhesh pasqyrë e karakteristikave të tyre negative, sepse atëherë nuk do të jesh në gjendje të shikosh veten në pasqyrë pa humbur identitetin tënd të vërtetë. Qëndro siç je dhe ruaje fort dashurinë për veten. Lëre pas atë që të ngarkon dhe transformoje këtë dashuri në një burim force. Ti ke të drejtë të jetosh në një ambient që të mbështet dhe të inkurajon. Qëndro krenare për integritetin dhe autenticitetin tënd. Ti je pëson unik dhe i çmuar dhe vlerat e tua janë themeli i forcës tënde. Mos lejo të të shqetësojnë dhe kujtoje se ti ke kontroll mbi jetën tënde.

Qëndro për veten tënde dhe lërja botës ta shohë dhe të vërtetohet se ti nuk je vetëm duke mbijetuar, por po lulëzon.

Ti ke aftësinë të krijosh dhe të mbash marrëdhënie të shëndosha që të mbështesin në rrugën tënde. Beso në veten tënde dhe në bukurinë që ndodhet brenda teje. Je në një rrugë të mrekullueshme dhe e meriton të jesh në një ambient që ka konsideratë për vlerat tua. Mbaju fort, qëndro siç je, dhe lëre dashurinë për veten tënde të lulëzojë!

Essenca e qenies time
Një udhëtim drejt vetes

Në rrugën time jetësore, që nga fëmijëria, kam pasur disa modele frymëzuese që më kanë shoqëruar dhe më kanë dhënë kurajë dhe forcë. Së pari, ishte Spirit, ai kali i pakapshëm që kërkonte lirinë e tij. Ai më ka treguar se sa e rëndësishme është të luftosh për ëndrrat e tua dhe për pavarësinë tënde. Këngët prekëse të Bryan Adams më kanë shoqëruar në kohët e vështira dhe gjithmonë më kanë dhënë ndjenjën se nuk jam vetëm dhe se duhet të jetoj me pasionet e mia.

Pastaj janë tri mbretëreshat e mia, Jeanne d'Arc, Coco Chanel dhe Tina Turner. Secila prej tyre është një simbol i vetëbesimit të fortë, ambicies dhe synimit të arritur. Jeanne d'Arc më ka mësuar se guximi dhe vendosmëria mund të tejkalojnë edhe sfidat më të mëdha. Coco Chanel më ka treguar se kreativiteti dhe individualiteti janë baza për suksesin dhe se mund të gjej dhe shpreh zërin tim. Tina Turner më ka treguar me forcën e saj të pakëputshme dhe vullnetin e saj të pandërprerë se si mund të qëndroj dhe të shkëlqej, pavarësisht të gjitha vështirësive.

Këto modele më kanë dhënë jo vetëm frymëzim, por edhe vetëbesim për të ndjekur ëndrrat e mia. Më kanë mësuar se unë kam forcën brenda meje për të arritur qëllimet e mia, pavarësisht se sa e vështirë mund të jetë rruga. Jam krenare që i kam ato si shoqërueset e mia dhe lejoj që forca e tyre të më udhëheqë.

Kjo është arsyeja që kam vendosur të të sjell pak më afër këtyre modeleve të mia. Të gjitha më kanë shoqëruar gjatë jetës sime dhe secila në mënyrën e saj ka lënë mbresa të thellë në jetën time dhe kanë ndikuar në formimin e personalitetit tim.

Si fëmijë, filmi "Spirit" më preku thellë dhe më motivoi shumë, sepse historia e kalit që kërkonte lirinë zgjoj tek unë dëshirën për të qenë e lirë dhe për të ndjekur rrugën time. Lidhja që ndjeja me këtë film dhe personazhin e tij kryesor u forcua edhe më tej kur kuptova se emri im, Liridona, kishte kuptimin e lirisë dhe pavarësisë. Përfytyrimi i Spirit, kalit të egër dhe të guximshëm që nuk lejonte të mbyllej dhe që luftonte për lirinë e tij, më frymëzoi të kërkoja gjithashtu liri dhe vetëvendosje. Ndjeva një rezonancë të thellë me mesazhin e filmit, se është e rëndësishme të ndjekësh rrugën tënde, edhe nëse ajo është e mbushur me pengesa. Spirit përfaqësonte për mua guximin, vendosmërinë dhe dashurinë për lirinë që gjithashtu e ndjeja brenda meje dhe që më inkurajonte të qëndroja besnik ndaj ëndrrave dhe vlerave të mia.

Lidhja e emrit tim me temën e lirisë ma nxiti zjarrin tim të brendshëm dhe dëshirën time për t'u çliruar nga çdo detyrim dhe kufizim dhe për të shijuar lirinë time. Spirit dhe Liridona, dy qenie që i bashkon përpjekja e tyre për liri dhe vetëvendosje ma kujtonin gjithmonë rëndësinë e të pasurit guxim, të mbështesësh bindjet tua dhe të ecësh me krenari dhe vendosmëri në rrugën tënde.

Përmes filmit "Spirit" gjeta në këngëtarin tim të preferuar, Bryan Adams, një burim tjetër frymëzimi. Kur mësova më shumë për Bryan Adamsin, kuptova se kishim shumë ngjashmëri që na lidhin. Një nga ngjashmëritë që më lidhte me Bryan Adams ishte pasioni ynë për muzikën dhe natyra jonë kreative. Si ai, ashtu edhe unë, në muzikë gjetëm një shprehje të thellë të brendshme dhe një mundësi për t'i shprehur emocionet dhe mendimet tona. Ndanim bindjen se muzika ishte një gjuhë universale që lidhte njerëzit. Për më tepër, na lidhte qëndrimi për të qenë autentikë dhe të sinqertë. Bryan Adams qëndroi për bindjet e tij dhe i mbeti besnik vetes edhe kur kjo ishte e pakëndshme. Ky qëndrim i tij për të mos bërë kompromise me vlerat e tij dhe folur me zemër, ishte diçka që e vlerësoja dhe përpiqesha ta zbatoja në jetën time.

Te Bryan Adams nuk gjeta vetëm një muzikant të talentuar, por edhe një njeri që me veprat dhe qëndrimet e tij përfaqësonte shumë vlera pozitive që ishin të rëndësishme për mua. Pikëpamjet tona të përbashkëta për muzikën, mbrojtjen e mjedisit, autenticitetin dhe sinqeritetin më lidhën me të dhe më frymëzuan të ndjek rrugën time me pasion dhe bindje.

Zemra ime rreh në harmoni me këngën "The Best of Me" (Më e mia ime) nga Bryan Adams, sepse në këtë këngë gjej jo vetëm një melodi, por një lidhje të thellë me ndjenjat dhe bindjet e mia. Çdo herë që dëgjoj tekstin dhe fjalët "Do të kesh gjithmonë më të mirën time" më përshkon një valë emocionesh dhe kujtimesh.

Kjo frazë do të thotë shumë për mua, sepse përfaqëson përkushtimin tim, pasionin tim dhe gatishmërinë time për t'u angazhuar me gjithë zemër për atë që është e rëndësishme për mua. Ma kujton se gjithmonë duhet të jap më të mirën time, se do të jem gjithmonë e angazhuar dhe e përkushtuar, pavarësisht sfidave ose pengesave që mund të shfaqen në rrugën time. Forca e këtyre fjalëve më depërton në shpirt dhe më jep guxim dhe besim për të ndjekur rrugën time dhe për t'i qëndruar besnike bindjeve të mia. Ma kujtojnë se gjithmonë do të luftoj për atë që më del nga zemra, se pasionet dhe angazhimet e mia jo vetëm do t'i mbaj brenda vetes, por edhe t'i shpreh për t'ia dëshmuar të tjerëve se kush jam dhe për çfarë qëndroj.

"Best of Me" për mua nuk është vetëm një këngë, por një manifest i bindjeve dhe vlerave të mia më të thella. Është melodia e jetës time, e cila më forcon në kohët e vështira dhe më sjell gëzim në kohët e mira. Me çdo notë dhe me çdo varg ndjej një lidhje me muzikën, me artistin dhe mbi të gjitha me veten time, sepse në këtë këngë gjej thelbin e asaj që jam dhe asaj që dua të jem.

I dashur Bryan Adams,

Nëse ndonjëherë të bie të lexosh librin tim, do të doja të të tregoja se sa shumë të adhuroj si person dhe si artist. Ti je modeli i vetëm i gjallë i personaliteteve që adhuroj. Muzika jote ma ka prekur zemrën dhe ma ka mbushur shpirtin. Përfytyrimi i takimit me ty personalisht ma mbush zemrën me gëzim. Ti nuk je vetëm një muzikant i talentuar, por edhe një njeri që me artin dhe veprat e tij frymëzon dhe prek shumë njerëz. Pasioni yt, përkushtimi yt dhe autenticiteti yt ndriçojnë në muzikën tënde dhe angazhimin tënd.

Kur mendoj për mundësinë për të takuar personalisht, ndjej një falënderim të thellë. Muzika jote më ka shoqëruar në kohët e mira dhe të këqija, dhe tekstet e tua më kanë dhënë ngushëllim dhe shpresë. Ideja e bisedës me ty mbi muzikën, jetën dhe pasionin më mbush me një lumturi të paimagjinueshme. Ti për mua nuk je vetëm një artist, por edhe një model, një shembull i gjallë se si duhet t'i ndjekësh ëndrrat e tua me pasion dhe këmbëngulje. Muzika jote ma ka prekur zemrën dhe m'i ka frymëzuar mendimet dhe jam mirënjohës që ka njerëz si ti në këtë botë.

Nëse ndonjëherë do t'i lexosh rreshtat e këtij libri, do të doja të të thosha nga zemra se sa shumë të vlerësoj si njeri dhe si artist dhe sa shumë dëshiroj të të takoj personalisht një ditë. Muzika jote do të ketë gjithmonë një vend të veçantë në zemrën time. Mundësia për t'u lidhur me ty do të ishte një përvojë e paharrueshme për mua.

Tina Turner, Coco Chanel dhe Jeanne d'Arc janë tri gra të forta dhe frymëzuese që gjithmonë i kam adhuruar. Secila prej tyre, në mënyrën e vet, përfaqëson cilësi dhe vlera që unë gjithashtu i mbaj brenda vetes dhe që te to shoh modele që ta ndritin rrugën.

Tina Turner, mbretëresha e Rock'n'Roll-it, shpërndan një energji dhe gëzim të pakrahasueshëm. Ajo arriti të çlirohej nga rrethana të vështira të jetës dhe të ri-shkruajë veten pa humbur kurrë autenticitetin e saj. Vendosmëria dhe qëndresa e saj janë cilësi që gjithashtu i mbaj brenda vetes dhe që më frymëzojnë vazhdimisht të besoj në veten time dhe të luftoj për ëndrrat e mia.

Coco Chanel, krijuesja legjendare e modës, përfaqëson elegancën, stilin dhe pavarësinë. Ajo ndryshoi botën e modës me dizajnet e saj revolucionare dhe tregoi se gratë në industrinë e modës mund të jenë po aq të suksesshme sa edhe burrat. Vizioni i saj dhe guximi për të ndjekur rrugë të reja dhe për t'i thyer konvencionet pasqyrojnë gjithashtu qëndrimin tim për të shprehur kreativitetin tim dhe për të ndjekur rrugën time, pavarësisht pritshmërive shoqërore.

Jeanne d'Arc, luftëtarja e guximshme dhe vizionare, ka shkruar historinë me vetëbesimin e saj dhe misionin që ia kishte vë në vetes. Ajo luftoi për bindjet e saj dhe në këtë proces tejkaloi veten. Guximi dhe vendosmëria e saj për të luftuar për atë në të cilën besonte janë vlera që gjithashtu i mbaj brenda vetes dhe që më kujtojnë vazhdimisht se është e rëndësishme të luftosh për idealet e tua edhe kur rruga është e vështirë.

Këto tri gra të jashtëzakonshme kanë shumë ngjashmëri që unë gjithashtu i shoh brenda vetes dhe që më frymëzojnë në forcën dhe bindjet e mia. Qëndrueshmëria, pavarësia dhe pasioni janë cilësi që i adhuroj dhe që më motivojnë të ndjek rrugën time dhe ëndrrat e mia. Tina Turner, Coco Chanel dhe Jeanne d'Arc, tri gra unike që më kujtojnë vazhdimisht se është e rëndësishme të besosh në veten tënde dhe të qëndrosh për bindjet e tua.

Tina Turner

Tina Turner, e lindur si Anna Mae Bullock më 26 nëntor 1939 në Nutbush, Tennessee, është një këngëtare, kompozitore dhe aktore amerikane, e njohur si "Mbretëresha e Rockut" dhe një nga rockstarët më të mëdhenj femra të të gjitha kohërave. Ajo arriti njohje ndërkombëtare përmes zërit të saj të fuqishëm, paraqitjeve energjike në skenë dhe hiteve si "Proud Mary", "What's Love Got to Do With It" dhe "Simply the Best".

Tina Turner karrierën e saj muzikore e filloi në vitet 1960 si pjesë e duetit muzikor "Ike & Tina Turner", që e formoi me bashkëshortin e saj Ike Turner. Dueti ishte e njohur për shfaqjet e tyre eksplozive në skenë dhe hite si "River Deep - Mountain High". Pas një martese të trazuar dhe një ndarje të dhimbshme nga Ike Turner në vitet 1970, Tina Turner nisi një karrierë të suksesshme solo, që e bëri atë një ikonë ndërkombëtare të muzikës.

Në vitet 1980, Tina Turner arriti suksese të mëdha me albume si "Private Dancer" dhe hite si "What's Love Got to Do With It", për të cilin fitoi disa çmime Grammy. Rikthimi i saj ishte mbresëlënës dhe ajo mbeti për dekada të tëra një artiste e njohur që gëzonte miliona fansa në të gjithë botën.

Tina Turner në jetën e saj ka kaluar nëpër shumë ngjarje tragjike dhe sfida personale, por ajo ka treguar veten si një personalitet i fortë dhe frymëzues, e cila me muzikën, qëndresën dhe forcën e saj ka prekur dhe frymëzuar miliona njerëz në të gjithë botën. Pavarësisht të gjitha tragjedive në jetën e saj, Tina Turner është një legjendë që adhurohet për forcën e mbijetesës dhe besimin e palëkundur në vete.

Tina Turner është nëna e një djali të quajtur Craig Raymond Turner, të cilin e solli në jetë në vitin 1958 gjatë martesës së saj me saksofonistin Raymond Hill. Craig u rrit nga gjyshja e tij dhe më vonë kishte kontakt me nënën e tij, Tina Turner, e cila në atë kohë e tashmë kishte një karrierë të suksesshme solo.

Në korrik të vitit 2018, në jetën e Tina Turner ndodhi një tragjedi e dhimbshme, kur djali i saj Craig u gjet i vdekur në moshën 59-vjeçare në shtëpinë e tij në Kaliforni. Craig Turner kreu vetëvrasje duke qëlluar veten me armë zjarri. Ikja e tij e parakohshme ishte një tronditje për familjen dhe miqtë dhe la pas një trishtim dhe dhimbje të thellë.

Tina Turner shprehu publikisht trishtimin e saj për humbjen e djalit të saj dhe kërkoi privatësi për të përballuar tragjedinë. Vdekja e Craig Turner ishte një ngjarje e dhimbshme në jetën e saj, e cila e ngarkoi emocionalisht dhe e preku thellë. Pavarësisht kësaj përvoje të hidhur, Tina Turner qëndroi e fortë dhe me mbështetjen e familjes dhe miqve të saj, ia doli të përballonte këtë situatë.

Vdekja e djalit të saj ishte një nga tragjeditë më të rënda në jetën e Tina Turner. Pavarësisht humbjes së madhe, Tina Turner vazhdoi karrierën e saj muzikore dhe mbetet një personalitet frymëzues dhe i admirueshëm, që me forcën dhe qëndresën e saj preku miliona njerëz në të gjithë botën.

Tina Turner në jetën e saj pati lidhje dhe histori të ndryshme dashurie, të cilat u karakterizuan me shumë ulje dhe ngritje. Një nga lidhjet e saj më të njohura dhe turbulente ishte martesa me Ike Turner, e cila u karakterizua nga abuzimi dhe dhuna. Pas ndarjes nga ai, Tina Turner gjeti përsëri dashurinë dhe ndërtuan një marrëdhënie të re me partnerin e saj të gjatë, Erwin Bach.

Tina Turner dhe Erwin Bach u njohën në vitet 1980 dhe jetuan në çift për më shumë se 27 vjet, para se të martoheshin në një ceremoni private në vitin 2013. Erwin Bach, një producent muzikor gjerman, ishte një mbështetës dhe shoqërues i rëndësishëm në jetën e Tina Turner dhe i ndihmoi asaj të çlirohet nga hijet e së kaluarës dhe të fillonte një kapitull të ri në jetë.

Dashuria mes Tina Turner dhe Erwin Bach u përshkrua si e fortë dhe e qëndrueshme, dhe ata gjetën te njëri-tjetri partnerin që shprehte respekt, mbështetje dhe dashuri. Pavarësisht sfidave dhe vështirësive që kishte përjetuar në jetën e saj, Tina Turner te Erwin Bach gjeti dashurinë dhe sigurinë për të cilat kishte nevojë. Marrëdhënia e Tina Turner dhe Erwin Bach është një dëshmi se për të gjetur dashurinë e vërtetë dhe për t'u çliruar nga hijet e së kaluarës kurrë nuk është vonë. Dashuria mes tyre ishte një burim force dhe ngushëllimi për Tina Turner dhe e ndihmoi atë të përballonte të kaluarën dhe të jetonte një jetë të re të lumtur.

Tina Turner nuk është vetëm e njohur për muzikën e saj, por edhe për performancat mbresëlënëse në skenë, energjinë pozitive dhe karizmën e saj. Ajo ka fituar çmime të shumta, duke përfshirë disa Grammy, një Golden Globe dhe një yll në Hollywood Walk of Fame. Pavarësisht sfidave personale në jetën e saj, Tina Turner është një personalitet i fortë dhe frymëzues, i cili admirohet për muzikën, pasionin dhe qëndresën e saj.

Pavarësisht sfidave personale në jetë, Tina Turner
është një personalitet i fortë dhe frymëzues që
adhurohet për muzikën, pasionin dhe qëndresën e saj.
Pas betejave intensive kundër sëmundjeve dhe sfidave
me të cilat iu desh të përballej në jetë, Tina Turner
vdiq më 24 maj 2023. Ajo nuk ishte vetëm një
këngëtare e jashtëzakonshme, por edhe një simbol i
forcës dhe qëndresës. Muzika e saj dhe vullneti i
palëkundur për t'u përballur me vështirësitë
frymëzuan miliona njerëz në të gjithë botën. Guximi i
saj për të ndarë hapur përvojat e saj e bëri atë një zë
për shumë që luftuan beteja të ngjashme.
Trashëgimia e Tina Turner do të jetojë përmes
muzikës, historisë së jetës dhe shpirtit të saj të
palëkundur. Vdekja e saj është një humbje e madhe,
por gjurmët që ajo la pas nuk do të zbehen kurrë. Ajo
do të mbahet mend përherë si "Mbretëresha e
Rock'n'Roll"-it, një grua që bëri të pamundurën të
mundur dhe na mësoi të gjithë se sa e rëndësishme
është të luftosh për veten dhe të mos heqësh dorë
kurrë.

Coco Chanel

Gabrielle Bonheur Chanel, e njohur gjerësisht si Coco Chanel, ishte një dizajnere franceze e modës dhe njihet si një nga personalitet më me ndikim në historinë e modës. Ajo lindi më 19 gusht 1883 në Saumur, Francë, dhe vdiq më 10 janar 1971 në Paris. Chanel revolucionarizoi modën e grave të shekullit 20-të duke kombinuar elegancën klasike me thjeshtësinë dhe funksionalitetin. Ajo ishte e njohur për dizajnet e saj të fustaneve dhe kostumeve të thjeshta, të drejta, të cilat vinin në pah trupin femëror, përmes të cilave hapi një epokë të re në modë. Chanel themeloi shtëpinë e saj të modës me emrin e saj në vitet 1910 dhe arriti të imponohet si dizajnerja kryesore në botën e modës në Paris. Ajo formësoi stilin e "gruas moderne" dhe krijoi klasike ikonike të modës si "e vogla e zezë", kostumin Chanel dhe parfumet Chanel No. 5.

Përtej karrierës së saj në modë, Chanel bwri njw jetw shumw intensive dhe të ngarkuar, e cila u karakterizua nga sfida të shumta personale dhe profesionale. Ajo ishte e njohur për aventurat e saj me burra të njohur dhe stilin jo konvencional të jetesës. Pavarësisht pengesave në karrierë, Chanel arriti të ri-zbulonte veten në vazhdimësi, e me këtë edhe të zgjeronte perandorinë e saj të modës.

Coco Chanel nw ditwt e sotme mbahet mend si një ikonë e stilit dhe pioniere e industrisë së modës. Trashëgimia e saj vazhdon të jetojë në dizajnet e përjetshme dhe stilin e njohur të shtëpisë së saj të modës, e cila vazhdon të luajë një rol të rëndësishëm në botën e modës edhe pas vdekjes së saj.

Coco Chanel ishte e njohur për karakterin e saj të fortë, të pavarur dhe të sigurt. Ajo ishte një dizajnere vizionare dhe revolucionare që guxoi t'i sfidonte konvencionet dhe traditat e kohës duke imponuar trende të reja. Chanel ishte e vendosur të ndiqte rrugën e saj dhe nuk lejonte që normat apo pritshmëritë shoqërore ta kufizonin në cilindo dimension të jetës. Si një grua në një industri të dominuar nga burrat, Chanel u dëshmua si një pioniere që arriti të pozicionohej në industrinë e modës dhe të krijonte stilin e saj. Ajo ishte e njohur për estetikën e saj të drejtpërdrejtë dhe funksionale, e cila revolucionarizoi modën tradicionale të grave.

Chanel ishte po ashtu e njohur për personalitetin e saj të ashpër e ndonjëherë edhe kontrovers. Ajo ishte shumë kërkuese, kritike, e pa kompromis në punë dhe kishte pritshmëri të larta për veten dhe të tjerët. Pavarësisht reputacionit të saj si divë e modës, Chanel ishte bujare, e madhërishme dhe mbështetëse ndaj atyre që ajo i pëlqente dhe i respektonte.

Në përgjithësi, Coco Chanel ishte një personalitet mbresëlënës, që adhurohej si për dizajnet e saj revolucionare ashtu edhe për karakterin e saj të fortë dhe shpirtin e pavarur. Ajo edhe sot e kwsaj dite mbetet një ikonë e industrisë së modës dhe nderohet për kontributin e saj unik në botën e modës dhe stilit.

Coco Chanel në jetën e saj kishte disa lidhje të rëndësishme dashurie, të cilat ia kanë formësuar jetën dhe krijimtarinë artistike. Një nga dashnorët e saj të parë, e mbase edhe më të rëndësishëm, ishte diplomati britanik Arthur "Boy" Capel, i cili e mbështeti financiarisht Chanelin dhe e ndihmoi të hapte dyqanin e saj të parë të modës. Megjithatë, marrëdhënia e tyre ishte e komplikuar, pasi Capel ishte i martuar dhe, pavarësisht ndjenjave të thella për të, ajo nuk mundi asnjëherë të bëhej gruaja e tij e vetme.

Pas vdekjes tragjike të Boy Capel në një aksident trafiku në vitin 1919, Chanel pati edhe disa lidhje të tjera romantike, ku u përfshinë edhe burra të tjerë të njohur si Duka i Westminster dhe poeti Pierre Reverdy. Pavarësisht lidhjeve të saj me burra të shquar, Chanel ishte e njohur edhe për pavarësinë e saj dhe jetën së saj të pavarur nga prania e partnerëve e saj me ndikim publik.

Chanel kishte një marrëdhënie komplekse me dashurinë dhe lidhjet dhe kjo pasqyrohej edhe në veprat dhe dizajnet e saj. Ajo ishte e njohur për përfytyrimet romantike për dashurinë dhe bukurinë, por gjithashtu për qasjen pragmatike dhe të pavarur nga marrëdhëniet. Pavarësisht ndjeshmërisë emocionale dhe zhgënjimeve në dashuri, Chanel arriti të përqendrohej në punën e saj dhe të pozicionohej si një dizajnere kryesore në botën e modës.

Në përgjithësi, dashuria ishte një aspekt i rëndësishëm në jetën e Coco Chanel dhe pati një ndikim në zhvillimin e saj personal dhe profesional. Marrëdhëniet e saj romantike dhe përfytyrimet e saj për dashurinë formësuan veprën e saj dhe kontribuuan në mitin e saj si një grua e fortë, e pavarur dhe mbresëlënëse.

Gjatë Luftës së Dytë Botërore dhe pushtimit të Francës nga gjermanët, Coco Chanel kishte kontakte me figura të ndryshme të njohura, duke përfshirë oficerë gjermanë dhe anëtarë të qeverisë naziste. Ekzistojnë raportime dhe spekulime se ajo kishte një marrëdhënie me diplomatin gjerman Hans Gunther von Dincklage, i cili ishte një spiun me emër në kampin nazist.

Po ashtu, thuhet se gjatë kohës së pushtimit të Parisit, Chanel kishte banuar në apartamentin e saj në hotelin Ritz, i cili u përdor nga nazistët si seli kryesore. Megjithatë, nuk ka prova të qarta se Chanel ishte një bashkëpunëtore aktive e nazistëve ose se kishte lidhje politike me ta.

Pas luftës, Coco Chanel u arrestua përkohësisht për shkak të lidhjeve të pretenduara me nazistët, por u lirua shpejt. Ajo e la Francën dhe kaloi një kohë të gjatë në ekzil, para se të rindërtonte perandorinë e saj të modës në vitet 1950 dhe të rikthehej në lavdinë e saj të dikurshme. Natyra e saktë të marrëdhënieve të Coco Chanel me nazistët dhe sjelljet e saj gjatë kohës së pushtimit mbeten edhe sot e kësaj dite të diskutueshme dhe kontroverse. Disa e shohin atë si një bashkëpunëtore, e të tjerë si viktimë e rrethanave të krijuara gjatë Luftës së Dytë Botërore. Pavarësisht këtyre kapitujve të errët në të kaluarën e saj, Coco Chanel mbetet një figurë legjendare në historinë e modës, ndikimi dhe trashëgimia e së cilës vazhdojnë edhe sot.

Jeanne d'Arc

Johanna e Orleanit, e njohur gjithashtu si Jeanne d'Arc, ishte një figurë e rëndësishme e shekullit të 15-të, e cila u bë legjendë për shkak të guximit dhe bindjeve së saj. Ajo lindi rreth vitit 1412 në Domrémy dhe u rrit në një kohë lufte dhe pasigurie, kur Franca ishte në konflikt me Anglinë. Johanna ishte e formuar nga një besim i fortë, i cili pasqyrohej në mënyrën e saj të shikimit të botës dhe rolit të saj në luftë. Ajo besonte fort se ishte e zgjedhur e Zotit për të shpëtuar Francën dhe për ta vendosur mbretin e ligjshëm, Karl VII, në fron.

Veçoritë e saj ishin mbresëlënëse; ajo ishte e palëkundur, e vendosur dhe e mbushur me pasion. Johanna kishte një aftësi të jashtëzakonshme për t'i frymëzuar njerëzit. Kur iu bashkua trupave franceze, arriti të motivonte ushtarët dhe oficerët, të cilët më parë ishin të bllokuar në një situatë dëshpëruese. Karizma dhe aftësia e saj për të bindur të tjerët luajtën një rol të rëndësishëm në përfundimin e suksesshëm të rrethimit të Orléans në vitin 1429. Këto fitore i dhanë popullit francez një shtytje të re dhe rezultuan me kurorëzimin e Karl VII në Reims.

Religjioni ishte një shtyllë e rëndësishme e identitetit të saj. Ajo ishte e bindur se vizionet dhe zërat që ajo i kuptonte si shpëtim nga Zoti e thërrisnin për të luftuar për vendin e saj.

Ky besim i jepte asaj jo vetëm forcën për t'u përballur me sfidat, por edhe një aurë të pamposhtshmërie. Megjithatë, Johanna nuk ishte vetëm një udhëheqëse ushtarake; ajo ishte edhe një personalitet kompleks që kërkonte vendin e saj në një botë të dominuar nga burrat.

Guximi i saj për t'u përballur me normat shoqërore dhe për të marrë një rol të rëndësishëm në luftë ishte i admirueshëm dhe diskutueshëm njëkohësisht. Në fund, ajo u kap nga anglezët në vitin 1431, u gjykua dhe u dënua për herezi. Vdekja e bëri atë një martire dhe një ikonë kombëtare të Francës. Johanna e Orleanit mbetet edhe sot e kësaj dite simbol i besimit, guximit dhe luftës për bindjet e saj.

Përmes modeleve të mia, Jeanne d'Arc, Coco Chanel dhe Tina Turner, gjithmonë gjeta guximin për të luftuar dhe për t'i arritur qëllimet e mia. Këto gra më ndihmuan të kaloj periudhën më të vështirë të jetës time që u karakterizua nga depresioni dhe ankthi. Besimi i palëkundur dhe guximi i Jeanne d'Arc më frymëzuan të mbaja gjallë shpresën gjatë kohëve të errëta dhe të përballoja dyshimet e brendshme. Pavarësia dhe siguria në stilin e Coco Chanel më inkurajuan t'i tejkaloja frikërat e mia dhe të shfaqesha me vetëbesim. Përshtypja dhe pasioni i Tina Turner më bindën se, pavarësisht sfidave dhe ngarkesave mendore, mund të fitoja mbi demonët e mi të brendshëm.

Falë Jeanne d'Arc, Coco Chanel dhe Tina Turner, gjeta një rrugë për të dalë nga luginat e errëta të depresionit dhe ankthit dhe për t'u rikthyer në dritë. Trashëgimia e tyre shpirtërore, forca e tyre dhe historitë e tyre frymëzuese më ndihmuan të ndjek rrugën time të shërimit dhe vetëzbulimit. Përmes shembujve të tyre kuptova se mund t'i fitoja luftërat e mia të brendshme dhe të jetoja një jetë të plotë. Jeanne d'Arc, Coco Chanel dhe Tina Turner janë yjet e mi ndriçues në horizont që më japin shpresë edhe në orët më të errëta dhe më tregojnë se, pavarësisht vështirësive, mund të ndjek rrugën time.

Unë synoj të jem një grua e jashtëzakonshme, një grua që përfaqëson tiparet e Jeanne d'Arc, Coco Chanel dhe Tina Turner. Si Jeanne d'Arc, dëshiroj forcë dhe guxim në bindjet e mia, vullnetin për të ngritur zërin për atë që besoj se është e rëndësishme për mua dhe vendosmërinë për t'i kapërcyer pengesat. E adhuroj pavarësinë, vetëvendosjen dhe sigurinë në stilin e Coco Chanel dhe synoj të jem me po aq vetëbesim dhe elegancë si ajo. Si Tina Turner, dua t'i përballoj sfidat me këmbëngulje dhe qëndresë, të shfrytëzoj pasionin dhe energjinë time për të frymëzuar të tjerët.

Unë te Jeanne d'Arc, Coco Chanel dhe Tina Turner shoh modele të forta, që më inkurajojnë të zhvilloj potencialin tim dhe të ndikoj pozitivisht në botën përreth meje. Ndikimi i tyre shkon përtej kufijve të tyre përkatës dhe unë i konsideroj ato si një burim frymëzimi për zhvillimin tim personal. Synoj të jem e fortë, e pavarur dhe autentike, që të perceptohem si ato si një grua e veçantë dhe e admirueshme. Me trashëgiminë e tyre në mendje, i vendos vetes qëllime të larta dhe besoj se mund të arrij gjëra të mëdha dhe të ndryshoj botën në mënyrën time.

Tani është radha që edhe t'i të mendosh për modelet tua. Kush janë ata dhe pse të frymëzojnë? Mund të jenë figura nga historia, udhëheqës aktualë ose njerëz nga mjedisi yt personal. Mendo për cilat tipare i adhuron te ta. Mund të jesh i frymëzuar, për shembull, nga dikush që lufton për bindjet e veta, si Nelson Mandela. Vendosmëria e tij e palëkundur dhe besimi në drejtësi janë tipare që të motivojnë të ngresh zërin për atë që beson. Pse të mos jetë edhe Marie Curie, pasioni i së cilës për shkencën dhe aftësia për t'i kapërcyer pengesat ta dëshmon se përkushtimi dhe puna e palodhshme mund të të shpijnë në suksese të mëdha.

Mendo për tiparet që të lidhin me modelet e tua. A ke edhe ti një bindje të fortë që të jep shtytje për gjëra më të mëdha në jetë? A e ke gatishmërinë të përballesh me sfidat e jetës dhe të luftosh për qëllimet e tua? Këto tipare janë ato që të forcojnë dhe të ndihmojnë t'i realizosh ëndrrat e tua.

Duke njohur tipologjinë dhe karakteristikat e modeleve tua, mund t'i aplikosh ato në jetën tënde. Lejoja vetes të frymëzohesh nga guxmi dhe qëndresa e tyre. Ti ke potencialin për të sjellë një ndryshim pozitiv në mjedisin tënd.

Në kohë të vështira, mund t'i kujtosh mësimet që ke marr nga modelet tua . Shembulli i tyre mund të të shërbejë si dritë që ta tregon rrugën e duhur në kohë turbullirash. Ji gati të përballosh sfidat e jetës me vendosmëri dhe me zemër të hapur. Në ty fshihet forca që të tjerët e adhurojnë dhe atë forcë mund ta shfrytëzosh për t'i realizuar ëndrrat tua dhe për të ushtruar një ndikim pozitiv në botën përreth teje. Përdore këtë tekst si frymëzim për t'i formuluar mendimet, ndjenjat dhe sjelljet e tua. Reflekto mbi modelet tua dhe gjej forcë brenda vetes që të nxit t'i arrish qëllimet që ia ke vënë vetes. Ty nuk tw mungon asgjë që të arrish gjëra të mëdha!

Faleminderit

Si fillim, dua ta falënderoj vëllain tim më të vogël. Faleminderit që je vëllai im dhe shoku im më i mirë. Të falënderoj që nuk më ke gjykuar kurrë dhe gjithmonë ke besuar tek unë.

Pastaj, dua ta falënderoj babanë tim. Faleminderit që ishe kaq i patrembur dhe një vizionar. Të falënderoj nga zemra, sepse përmes teje kam mësuar se çfarë do të thotë të luftosh dhe se gjithçka është e mundur nëse ke vullnetin. E falënderoj nga zemra edhe nënën time. Faleminderit që ishe kaq e rreptë dhe më the më tregove se çfarë është disiplina.

Dua të falënderoj edhe mikeshat e mia më të mira, Esrën dhe Arditën. Faleminderit që m'i keni hapur sytë. Faleminderit që gjithmonë keni parë unë të vërtetën time. Ju falënderoj madje edhe për ashpërsinë me të cilën më keni këshilluar me raste. Ndonëse më dhembte, e dija që kisha nevojë për mendimet tuaja të hapura dhe të sinqerta.

Në fund, dua ta falënderoj atë. Faleminderit që më ke besuar pa kushte. Faleminderit që ma ke dhënë mundësinë ta dëshmoj veten. Por, më së shumti, të falënderoj për inkurajimin që më ke dhënë për të gjetur dhe dashuruar veten time të vërtetë. Pa ty, nuk do ta kisha shkruar këtë libër. Pa ty ky libër do të kishte mbetur vetëm një ide në mendjen time. Dashuria jote pa kushte, besimi yt tek unë dhe vlerësimi që më ke dhënë, ma dhanë energjinë për të arritur këtë qëllim.

Natyrisht, falënderoj të gjithë anëtarët e familjes dhe miqtë e mi që më kanë mbështetur. Për të gjithë ata që përmenda këtu dhe që më njohin: Ju e dini se kam pasur hezitime t'i shprehja ndjenjat e mia. Por, ju kam thënë se tani jam vetja ime e vërtetë. Unë e dua veten time pa kushte, ashtu siç ju dua juve pa kushte.

Faleminderit të gjithëve që ekzistoni.

Ju dua me zemër.